汉英亲属称谓语对比研究

HANYING QINSHU CHENGWEIYU DUIBI YANJIU

彭琳 著

版权所有　翻印必究

图书在版编目（CIP）数据

汉英亲属称谓语对比研究/彭琳著． ‐‐广州：中山大学出版社，
2024.12． ‐‐ISBN 978‐7‐306‐08332‐6

Ⅰ．H13；H313

中国国家版本馆 CIP 数据核字第 202478ZD09 号

HANYING QINSHU CHENGWEIYU DUIBI YANJIU

出 版 人：	王天琪
策划编辑：	熊锡源
责任编辑：	赵琳倩
封面设计：	曾　婷
责任校对：	徐　晨
责任技编：	靳晓虹
出版发行：	中山大学出版社
电　　话：	编辑部 020‐84110283，84113349，84111997，84110779，84110776
	发行部 020‐84111998，84111981，84111160
地　　址：	广州市新港西路 135 号
邮　　编：	510275　　传　真：020‐84036565
网　　址：	http://www.zsup.com.cn　E‐mail：zdcbs@ mail.sysu.edu.cn
印 刷 者：	广州市友盛彩印有限公司
规　　格：	787mm×1092mm　1/16　10 印张　200 千字
版次印次：	2024 年 12 月第 1 版　2024 年 12 月第 1 次印刷
定　　价：	45.00 元

如发现本书因印装质量影响阅读，请与出版社发行部联系调换

序

在人类文明的宏大版图中,语言承载着历史的记忆、思想的光辉与社会的价值。而亲属称谓,作为语言体系中极为独特且富有深意的部分,犹如一把精巧的钥匙,开启了通往语言学、文化学、语用学、认知学乃至教育学等多个领域的大门。这部汉英亲属称谓对比研究专著,为我们深入理解语言与文化的奥秘提供了崭新的视角。

语言结构恰似语言的基石,支撑着人类交流的大厦。汉语亲属称谓系统以其无与伦比的精细程度令人惊叹,父系与母系、长幼次序的严格区分,构建起一个严密而有序的体系。"伯伯""叔叔""舅舅"等称谓,精准对应着特定的亲属关系,不容丝毫混淆;"堂兄""表哥"的明确划分,也体现了汉语对家族关系的细致梳理。与之形成鲜明对比的是英语,"uncle"和"cousin"等宽泛称谓,展现出截然不同的语言架构。这种对比研究,精准剖析了两种语言在词汇、语义、语法等层面的差异,挖掘了语言结构的深层奥秘,帮助我们梳理语言演变的脉络,深化对语言本质的理解。

亲属称谓也是文化的鲜活载体。文化赋予语言以灵魂,亲属称谓则是这灵魂的生动体现。汉语亲属称谓深深植根于传统家族观念,长幼尊卑的秩序在称谓中得以彰显,反映出以家族为本位的文化价值观。汉语中,晚辈对长辈的恭敬称谓,便是对家族伦理的尊崇与传承。而英语亲属称谓的简洁性,与西方文化中个人主义的价值取向相呼应,强调个体的独立与平等。通过对比两种文化中的亲属称谓,我们能够跨越文化的藩篱,理解不同文化背景下亲属关系的构建逻辑,避免在跨文化交流中因称谓不当而引发的文化冲突,促进文化的交流与融合。

从认知学的角度来看,亲属称谓还是洞察思维模式的窗口。汉语丰富的亲属称谓,映射出中国人对亲属关系细致分类、整体把握的认知特点,注重家族内部的亲疏远近与层级关系。在日常生活中,精准使用称谓是对家族关系网的清晰映射。而英语相对简洁的称谓体系,体现出西方侧重逻辑分析、简洁实用的认知模式,更关注个体本身。本研究有助于揭示不同语言文化背景下人们的思维认知差异,为认知语言学研究提供新的视角,拓展我们对人类思维本质的认识。

从语用学的角度来看,本研究意义非凡。在实际交际中,汉英亲属称谓的使用有着各自的语用规则。汉语中，亲属称谓常被灵活用于非亲属关系的社交场景，如用"大爷""大妈"称呼陌生长辈，借此营造亲近感、拉近距离，遵循着以和为贵、热情友善的交际原则。英语里，亲属称谓的使用场景则较为局限，主要用于亲属之间，日常交流更倾向直呼其名，体现出西方文化对个人隐私与独立空间的尊重。通过对这些语用差异的研究，能够指导人们在跨文化交际中准确运用亲属称谓，依据不同语境和交流对象，选择恰当的称呼方式，避免因语用失误导致的沟通障碍，有效提升跨文化交际的质量与效果。

在教育领域，本研究具有一定的实践意义。对于对外汉语教学而言，教师可以借助此研究成果，系统地向汉语学习者讲解亲属称谓知识，帮助他们理解称谓背后的文化深意，从而使汉语表达更加准确、得体。在英语教学中，中国学生也可以借此了解英语亲属称谓的文化内涵与使用习惯，培养跨文化交际意识，提升国际交流能力。

本研究详细比较了汉英亲属称谓系统、汉英亲属称谓的构词和词义、汉英亲属称谓系统的面称和背称、汉英亲属称谓的泛化现象、汉英亲属称谓系统的性别差异以及汉英亲属称谓系统的文化差异。

汉语亲属称谓语的面称和背称以及泛化是汉语称谓语的独具特色的现象，当今汉语亲属称谓语的泛化现象特别突出。通过对比考察英汉亲属称谓的面称和背称以及泛化现象，充分展示了英汉文化的差异以及民族价值观的不同。

着眼语言和社会的共变，探索隐藏于汉英亲属称谓语背后的深层文化，能让大家更加关注对语言和文化的研究，推动该领域的研究不断向前发展。

彭　琳
2024.12 于广州

目 录

第一章 引论 ... 1
第一节 选题背景与研究意义 ... 1
1.1.1 选题背景 ... 1
1.1.2 研究意义 ... 4
第二节 考察范围与研究现状 ... 6
1.2.1 考察范围 ... 6
1.2.2 研究现状 ... 7
第三节 基本思路与研究方法 ... 15
1.3.1 基本思路 ... 15
1.3.2 研究方法 ... 15
第四节 本书特色与研究创新 ... 15

第二章 称谓语的性质和类型 ... 17
第一节 称谓语的性质 ... 17
2.1.1 称谓的概念 ... 17
2.1.2 称谓语与文化 ... 20
第二节 汉英亲属称谓语的类型 ... 22
2.2.1 汉语亲属称谓语的类型 ... 22
2.2.2 英语亲属称谓语的类型 ... 27
2.2.3 汉英亲属称谓语分类的异同 ... 30

第三章 汉英亲属称谓系统 ... 33
第一节 汉英亲属称谓系统概观 ... 33
第二节 汉英亲属称谓系统比较 ... 38
3.2.1 汉英基本亲属称谓系统 ... 39
3.2.2 汉英直系血亲称谓系统 ... 40
3.2.3 汉英兄弟姐妹及其子孙称谓系统 ... 43
3.2.4 汉英父系兄弟姐妹及其子孙称谓系统 ... 45
3.2.5 汉英母系兄弟姐妹及其子孙称谓系统 ... 47

  3.2.6 汉英祖父之兄弟姐妹及其子孙称谓系统 ················· 49
  3.2.7 汉英祖母之兄弟姐妹及其子孙称谓系统 ················· 53
  3.2.8 汉英丈夫及其直系血亲称谓系统 ······················· 55
  3.2.9 汉英妻子及其直系血亲称谓系统 ······················· 57
 第三节 汉英亲属称谓系统的差异 ································ 59
  3.3.1 血亲和姻亲的差异 ································· 59
  3.3.2 宗族内外的差异 ··································· 60
  3.3.3 长幼和辈分的差异 ································· 61
 第四节 汉英亲属称谓系统差异的原因 ···························· 61
  3.4.1 社会性质的不同 ··································· 62
  3.4.2 宗族观念的不同 ··································· 63
  3.4.3 等级观念的不同 ··································· 64
  3.4.4 集体主义与个人主义 ······························· 64

第四章 汉英亲属称谓的构词和词义

 第一节 汉英亲属称谓的构词特征 ································ 66
  4.1.1 汉语亲属称谓的构词特征 ··························· 66
  4.1.2 英语亲属称谓的构词特征 ··························· 71
 第二节 汉英亲属称谓的词义比较 ································ 73
 第三节 汉英亲属称谓的构词词义的异同 ·························· 78
  4.3.1 相同点 ··· 78
  4.3.2 不同点 ··· 78

第五章 汉英亲属称谓的面称和背称

 第一节 面称与背称 ·· 80
 第二节 汉英亲属称谓的面称系统 ································ 81
  5.2.1 直系血亲称谓（同姓） ····························· 81
  5.2.2 旁系血亲称谓（同姓） ····························· 82
  5.2.3 外亲称谓语（异姓） ······························· 84
  5.2.4 姻亲称谓语（异姓） ······························· 85
  5.2.5 夫妻系称谓 ······································· 86

第三节　汉英亲属称谓的背称系统 ……………………………… 88
　　　5.3.1　直系血亲称谓（同姓） ………………………………… 88
　　　5.3.2　旁系血亲称谓（同姓） ………………………………… 89
　　　5.3.3　外亲称谓语（异姓） …………………………………… 90
　　　5.3.4　姻亲称谓语（异姓） …………………………………… 90
　　　5.3.5　夫妻系称谓（异姓） …………………………………… 91
　　第四节　汉英亲属称谓语面称背称的异同 ……………………… 93
　　　5.4.1　相同点 …………………………………………………… 93
　　　5.4.2　不同点 …………………………………………………… 93

第六章　汉英亲属称谓语的泛化 …………………………………… 95
　　第一节　亲属称谓的泛化现象 …………………………………… 95
　　第二节　汉语亲属称谓泛化 ……………………………………… 96
　　第三节　汉英亲属称谓泛化的比较 ……………………………… 97
　　　6.3.1　汉英亲属称谓语泛化的表现 …………………………… 97
　　　6.3.2　汉英拟亲属称谓语的应用 ……………………………… 101
　　第四节　汉英亲属称谓泛化的特点 ……………………………… 103
　　第五节　汉英亲属称谓泛化的语义语法特征 …………………… 104
　　　6.5.1　汉英亲属称谓泛化的语义特征 ………………………… 105
　　　6.5.2　汉英亲属称谓泛化的语法特征 ………………………… 113
　　第六节　汉英亲属称谓泛化的异同 ……………………………… 113
　　　6.6.1　相同点 …………………………………………………… 113
　　　6.6.2　不同点 …………………………………………………… 114
　　第七节　汉英亲属称谓泛化的成因 ……………………………… 114
　　　6.7.1　传统社会结构及民族价值观念的影响 ………………… 114
　　　6.7.2　思维方式和社会价值观念的影响 ……………………… 115
　　　6.7.3　社会发展的需要 ………………………………………… 116
　　　6.7.4　语言符号的多义性和模糊性 …………………………… 116

第七章　汉英亲属称谓系统的性别差异 …………………………… 117
　　第一节　亲属称谓语与社会语言学 ……………………………… 117
　　第二节　汉英亲属称谓系统性别差异的表现 …………………… 119
　　　7.2.1　汉英核心亲属称谓的性别差异 ………………………… 120
　　　7.2.2　汉英父系母系称谓的性别差异 ………………………… 123

7.2.3 汉英夫妻之间称谓的性别差异 …………………………… 125
7.2.4 汉英从他亲属称谓的性别差异 …………………………… 127
7.2.5 汉英亲属称谓排序的性别歧视 …………………………… 128
第三节 汉英亲属称谓系统性别差异的原因 ………………………… 128
7.3.1 宗法观念与家庭结构 ……………………………………… 129
7.3.2 儒家思想与基督教义的影响 ……………………………… 129

第八章 汉英亲属称谓语的文化差异 ………………………………………… 131
第一节 汉英亲属称谓与文化 ………………………………………… 131
第二节 汉英亲属称谓文化差异的表现 ……………………………… 132
8.2.1 中西方社会结构的差异 …………………………………… 132
8.2.2 中西方价值观念的差异 …………………………………… 134
8.2.3 中西方经济制度的不同 …………………………………… 135
8.2.4 中西方思维模式的不同 …………………………………… 136

第九章 结　　语 ……………………………………………………………… 137
第一节 基本认识 ……………………………………………………… 137
第二节 本书不足 ……………………………………………………… 139
第三节 研究展望 ……………………………………………………… 139

参考文献 …………………………………………………………………………… 140

后　　记 …………………………………………………………………………… 147

图表目录

图目录

图1	汉语亲属称谓系统二分法	25
图2	汉语亲属称谓系统四分法	25
图3	英语的核心家庭称谓	28
图4	汉语父系称谓	35
图5	汉语母系称谓	35
图6	英语父系亲属称谓	37
图7	直系血亲称谓	42
图8	兄弟姐妹及其子孙称谓	44
图9	父系兄弟姐妹及其子孙称谓	47
图10	母系兄弟姐妹及其子孙称谓	49
图11	祖父的兄弟姐妹及其子孙称谓	52
图12	祖母的兄弟姐妹及其子孙称谓	55
图13	丈夫及其直系血亲称谓	57
图14	妻子及其直系血亲称谓	59

表目录

表1	称谓语与称呼语差异比较	19
表2	英语核心亲属称谓和非核心亲属称谓	28
表3	英语以辈分对家庭亲属的分类（五等级分类）	36
表4	汉英基本亲属称谓	39
表5	直系血亲称谓	40
表6	兄弟姐妹及其子孙称谓	43
表7	父系兄弟姐妹及其子孙称谓	45
表8	母系兄弟姐妹及其子孙称谓	47

表 9	祖父的兄弟姐妹及其子孙称谓	49
表 10	祖母的兄弟姐妹及其子孙称谓	53
表 11	丈夫及其直系血亲称谓	56
表 12	妻子及其直系血亲称谓	58
表 13	汉语核心亲属称谓语素	68
表 14	表示宗族关系、血缘关系的修饰性语素	69
表 15	表示辈分、长幼的修饰性语素	70
表 16	表示嫡庶或与再婚有关的修饰性语素	70
表 17	表示尊称和谦称的修饰性语素	71
表 18	英语亲属称谓语核心称谓语素	72
表 19	英语亲属称谓语的基本修饰语素	73
表 20	汉英语亲属称谓词义对比 1	74
表 21	汉英语亲属称谓词义对比 2	75
表 22	汉英语亲属称谓词义对比 3	76
表 23	直系血亲称谓（同姓）面称	81
表 24	旁系血亲称谓（同姓）面称	82
表 25	外亲称谓语（异姓）面称	84
表 26	姻亲称谓语（异姓）面称	85
表 27	夫妻系的称谓（面称）	86
表 28	夫妻互相称谓（面称）	87
表 29	直系血亲称谓语（同姓）背称	88
表 30	旁系血亲称谓语（同姓）背称	89
表 31	外亲称谓语（异姓）背称	90
表 32	姻亲称谓语（异姓）背称	90
表 33	夫妻系的称谓（异姓）背称	92
表 34	汉语亲属称谓泛化的表现	97
表 35	英语亲属称谓泛化的表现	100
表 36	英语拟亲属称谓	103
表 37	英语亲属称谓语泛化变体的语义特征（1）	111
表 38	英语亲属称谓语泛化变体的语义特征（2）	111
表 39	汉语核心亲属称谓泛化变体的语法特征	113

表 40　汉英核心亲属称谓性别分析 …………………………… 120
表 41　英语亲属称谓性别对照 ………………………………… 123
表 42　汉英父系母系主要亲属称谓性别分析 ………………… 123
表 43　汉语父系母系同辈亲属称谓性别对照 ………………… 125
表 44　汉语夫妻相互称谓（仅归纳常用的）………………… 126

第一章 引 论

第一节 选题背景与研究意义

1.1.1 选题背景

1.1.1.1 汉英称谓语对比研究是语言学研究的重要内容

语言学是研究人类语言的科学。语言作为人类重要的交际工具，在维持人与人之间的社会关系中起到了重要作用；语言作为人类的沟通方式，不仅反映着人们的心智能力，也反映着人类社会文明的进步。语言记录了人类的历史和思想变迁，是各民族文化的载体和写照。在语言系统中，语言构成的基本要素是词汇，词汇是语言中发展变化最快的要素；词汇是受社会变化影响最多的部分，体现着社会生活的变迁。语言中的词汇能直接、快速地反映语言与社会以及文化的共变关系。

称谓语作为词汇的重要组成部分，是一种特殊的语言符号，是人们交际行为的第一个环节，与社会的关系密切，体现了交际双方的社会关系，也体现了交际者的社会文化思想观念。语言系统中的称谓语不仅可以体现社会人际关系，同时，它也能映射出整个社会的变迁以及社会的政治、经济、文化因素的变化，所以，对比研究汉英亲属称谓语是语言学研究的重要内容。

对比语言学是语言学中的一个分支。比较是人类认识事物、研究事物的一种基本方法，这种研究方法在语言研究中起着重要的作用，语言研究离不开不同民族语言的对比研究。对比语言学采用比较的方法，对两种或两种以上的语言进行多角度的对比考察，分析出两种语言的相同点和不同点，并将研究成果应用于跨文化交流、语言教学以及语际翻译等相关领域。[①]

狭义的对比语言学，是在语言内部进行对比研究，即是对词素、词、短语、句子、语义以及语用等方面进行的对比研究；广义上的对比语言学，包括语言内部的对比研究，也包括语言外部的对比研究，语言外部的对比研究包含了与语言相关的民族历史文化、民族心理思维等方面的对比研究。

称谓语一直是语言学家关注的重点课题。称谓语作为语言词汇系统的一

---

① 许余龙. 对比语言学［M］. 上海：上海外语教育出版社，2002.

个组成部分，是一种语言形式，也是文化的体现。称谓语不仅可以体现一个社会的文化信念，而且可以反映人们在交际中的思维、心理、观念和态度等。对汉英称谓语本体的研究是语言内部的有关词、短语层面的对比研究；对不同语言的称谓语系统进行比较分析，如比较与语言相关的民族文化，则属于语言外部的对比研究。本书对比研究汉英称谓语系统，包含了语言内部和外部的对比研究，多角度地对比分析其相同点和不同点，并对汉英亲属称谓语的差异从深层文化上进一步挖掘，属于对比语言学研究范畴，其研究具有重要的理论价值和应用价值。

从语际翻译的角度来看，不同语言的称谓语互译不仅仅是将两种语言的同义词对应，文化背景及民族语言背景对语言影响更直接，尤其是称谓语，与人有着直接的关系，所以称谓语互译除了把双方语言的同义词对应互译以外，还必须考虑语言的背景文化、民族信仰、政治、宗教等客观因素，以及不同民族人们的认知思维方式，这样才能准确地理解和互译，所以汉英称谓语的对比研究对语际翻译有着较大的指导意义。

称谓语实际上是一种具有浓厚民族文化色彩的语言现象，与文化有着千丝万缕的联系。称谓语是社会文化的镜像产物，而文化又从另一方面影响或决定了称谓形式的实际应用。因此，汉英亲属称谓语的对比研究，可从历史渊源、宗法等级制度与社会性质、等级制度与宗教影响、集体主义和个人主义价值观、家庭结构类型与血统亲缘观念这几个方面加以阐述。本书对比研究汉英亲属称谓语的差异，属于社会语言学的研究范畴。

1.1.1.2 汉英称谓语对比研究是社会语言学研究的新课题

国内对称谓语的研究主要集中在语义学、语用学以及社会语言学三个方面。其中，对称谓语本体的研究，如称谓语的起源、分类等的研究属于语义学的研究范畴；对称谓语的泛化现象的研究属于语用学的研究范畴。汉语亲属称谓语的泛化现象是汉语称谓语的一大特征，能充分体现汉民族的传统文化、价值观以及思维模式，越来越多的国内学者从不同的角度对汉语亲属称谓语的泛化现象进行了考察研究，本书在第六章对汉英亲属称谓语的泛化现象进行了对比考察。从社会语言学角度来研究称谓语，主要是考察称谓语的社会语用功能，汉语称谓语系统中的称呼语是主要考察的对象。称呼语具有打招呼、礼貌策略、标记说话者的社会地位和身份、反映社会文化、表达情感和态度等功能。

近年来，有国内学者开始研究和考察称谓语系统中的性别歧视现象，从而揭示称谓语体系中的性别特征，探究其背后所隐藏的社会文化历史原因。从理论上说，该研究有助于解释语言内部的发展变化，以及外部因素对语言结构本身的影响，也有助于加深对语言系统普遍规律的认识。本书在第七章就汉英称谓语中存在的性别特征进行了对比考察。从社会意义上说，称谓语的性别差异研究能够规范当前有争议的语言现象，在社会交际中起到正确的导向作用，是社会语言学研究的一项新课题。

社会语言学注重语言社会意义的研究，研究社会语境中人类的言语行为；从语言的使用入手，通过语境变体的分析，研究语言结构与语言功能之间的关系。亲属称谓语作为语言的重要组成部分，与使用语言的人、社会、文化密切相关。研究亲属称谓语就是研究亲属称谓语的社会语用功能（非语法功能），解释亲属称谓语同社会文化、家庭、婚姻、伦理、道德、人际关系等种种观念习俗之间的关系，既可以帮助人们加深对语言的人际功能的认识，又可以丰富语言学研究，是社会语言学研究的新课题。

国外从社会语言学角度对称谓语的研究始于1960年美国的语言学家布朗与吉尔曼的对语言称代问题的研究。1960年，美国的语言学家布朗与吉尔曼（Brown & Gilman, 1960）发表了题为《代词的权势与等同语义研究》的论文（"The Pronoun of Power and Solidarity"）；1961年，布朗又与福德（Brown & Marguerite Ford, 1961）共同发表了题为《美国英语称谓研究》（"Address in American English"）的论文，从此揭开了社会语言学语言称代研究的序幕。[①] 布朗与吉尔曼通过对欧洲主要语言系统的调查，概括出代词对称的两种基本语义关系，即权势与等同（power and solidarity）。社会语言学家将布朗和吉尔曼的代词研究成果，即"权势关系"与"等同关系"的模式运用到称谓语研究中，把称谓语分为两种：对称式称谓语（reciprocal addressing）和非对称式称谓语（nonreciprocal addressing）。对称式称谓语是指交际双方使用相同的称谓方式称呼对方，比如在交际过程中使用直呼其名或头衔姓氏的形式，反映了交际双方的平等地位。顾名思义，非对称式称谓是指交际双方使用不同的称谓形式称呼对方，反映了发话者和受话者之间的不平等地位。汉英称谓语中都存在大量的非对称式称谓语，对比考察汉英亲属称谓语各方面的差异是社会语言学研究的一项新课题。

[①] 褚艳. 汉英亲属称谓语的性别差异研究 [J]. 温州大学学报, 2006（1）: 48 - 52. R. Brown, A. Gilman, "The pronouns of power and solidarity", in A. T. Sebeok. *Style in Language*. Cambridge: Massachusetts Institute of Technology Press, 1960, pp. 253 - 276.

1.1.2 研究意义

1.1.2.1 汉英称谓语对比研究的跨文化交际意义

随着中国经济的快速发展，中外文化交流变得日趋频繁，为了沟通交流，欧美国家学习汉语的人士越来越多，全球的"汉语热"不断升温，学汉语的人数以40%的增幅逐年增长。全世界学习汉语的热情非常高。2017年，时任美国总统特朗普访华时，他的外孙女就因为"中文才艺秀"火了；金融大鳄罗杰斯的两个女儿参加央视《经典咏流传》，展示了开挂的中文水平；英国王室的乔治小王子也在学说汉语普通话。总之，汉语在国际舞台上的地位越来越举足轻重。

习近平总书记出席新西兰惠灵顿维多利亚大学孔子学院的授牌仪式时说："随着经济全球化深入发展，加强国与国、人与人之间的交流和对话，增进彼此了解和友谊已成为当今世界的时代潮流。"为发展中国与世界各国的友好关系，增进世界各国人民对中国语言文化的理解，为各国汉语学习者提供方便、优良的学习条件，中国国家对外汉语教学领导小组办公室在世界上有需求、有条件的国家地区开设了以开展汉语教学为主要活动内容的"孔子学院"。孔子学院秉承孔子"和为贵""和而不同"的理念，推动中国文化与世界各国文化的交流与融合。作为中外语言教学和文化交流的平台，孔子学院肩负着传承中国优秀传统文化的使命，致力于满足世界各国人民对汉语学习的需要，增进世界各国人民对中国语言文化的了解，加强中国与世界各国的教育文化交流合作，进而发展中国与各国的友好关系，促进世界多元文化发展，构建和谐世界。自从2004年中国在韩国首尔建立了第一家孔子学院以来，目前中国已在162个国家和地区建立了550所孔子学院和1172个中小学孔子课堂①。孔子学院的主要职责就是推广汉语和中华文化，进行汉语教学与培训。

汉语称谓语是外国学生学习汉语的难点之一，也是教师对外汉语教学中的难点。汉语称谓语系统庞大，名目繁多。比如汉语亲属称谓语中，由于血亲和姻亲、父系和母系、直系和旁系的严格区分，与英语亲属称谓语系统有很大差异，再加上汉语亲属称谓语有着泛化现象，更增加了欧美国家汉语学习者的难度。除了汉语的亲属称谓语非常复杂之外，汉语的社会称谓语也是不仅数量繁多，在实际使用时还要遵守一系列的语用规则。随着中国经济的不断发展、社会的不断进步，称谓语系统还在不断发生变化，学习者学习和

---

① https://www.gov.cn/xinwen/2019-12/10/content_5459864.htm.

使用汉语称谓语的难度也不断增加。

根据语言学家布朗和吉尔曼的观点，称谓有对等和非对等两种方式。母语为英语的人，在交际中倾向于使用对等称谓，与之相反，汉民族则更习惯使用非对等称谓。正因为中英两种称谓在选择与使用上存在较大的差异，在国际交流与交际中，选择既正确又得体的称谓并非易事，汉英称谓语的对比研究有助于汉英语言学习和跨文化交流。

称谓语是民族文化的重要组成部分，体现着不同民族的文化特性，是有别于其他民族的思维方式和行为方式，在言语交际中起着重要作用，影响着交际双方的交际能否顺利进行。因此，汉英称谓语的对比研究，可以帮助汉语学习者正确掌握称谓语，顺利进行交际以及表达自己的思想，对促进对外汉语教学及跨文化交际的顺利进行也都有着十分重要的意义。

1.1.2.2 汉英称谓语对比研究的社会现实意义

汉英称谓语的对比研究，有助于加深社会语言学的研究，具有一定的社会现实意义。现代语言学越来越重视语言的社会性。语言的本体研究固然重要，但是作为人类最重要的交际工具，如何通过语言达到人际间和谐沟通的目的，是语言学必须面对的问题。因此，从社会的角度探讨语言的运用和理解成为语言工作者面临的一大课题。

称谓语中的称呼语作为一种交际单位，是人们用于指代称呼对象、识别身份以及在交际中定位人际关系的符号系统。它具有复杂性、动态性和多样性等特征，与民族文化、社会发展和人们的价值观念有着密切的联系。它可以反映出交际双方的身份地位、角色关系和亲疏远近，是衡量人际关系的重要标准。在任何社会、任何语言里，如何称呼他人，往往需要遵循一定的社会规范和称呼原则，受到称呼者和被称呼者自身各种因素，诸如年龄、性别、职业、地位、环境、彼此间亲疏关系等因素的制约，称呼语的选择与使用以及其重要性已引起人们的广泛关注。

2014年，广东省纪委发出通知，党政机关工作人员之间一律不准使用"老板""老大"等庸俗称呼，这引起了语言学界以及大众的关注与热议。时代的变迁和社会不良风气的影响，使称呼出现了异化现象，如何守护优良传统，得体地使用称呼语至关重要。陈原先生在《变异和规范化》（1987）[①]一文中提出，新词的产生就表示语言起了变化。新词产生的新义冲击着规范化，社会语言学要积极研究这种语言变异，以正确引导人们使用新词。

称呼语的异化现象是社会语言学研究的重要课题。国外语言学者对于称

---

① 陈原. 变异和规范化 [J]. 语文建设, 1987 (4): 3-9.

呼语使用的研究也取得了很多成就。布朗与福德（Brown & Ford，1961）通过对公司员工的观察等多种方式总结出美语的三种主要称呼模式；莫兰德（Morand，1995）指出美国的一些公司里相互称名（First Name）的现象正在增加，原因是公司为了体现出其管理体制的平等化；黛德丽、约翰森和库林斯卡娅（Dittrich、Johansen & Kulinskaya，2011）比较了英国和挪威这两个国家的称呼语使用标准，指出地位和亲密度两个因素在当今称呼语使用中的重要性有所下降，取而代之的是文化因素、社会因素以及礼貌原则。[①]

随着互联网技术的迅猛发展，当今社会上产生了大量的新兴称谓语。值得关注的是，在这些新兴称谓语中出现了很多亲属称谓语，比如"范爷""犀利哥""微笑姐""奶茶妹"，等等。这些称谓语是在亲属称谓语泛化之后产生的一种新兴称谓形式，其中原有的亲属称谓义已经淡化。新兴亲属称谓语的出现，体现了当今社会上出现的新事物、新观念、新思潮。为了满足人们语用的需求，传统的亲属称谓语发生了变异，亲属称谓语类词缀化使得传统的亲属称谓语义虚化，新称谓的语用空间得到扩大，填补了当今社会交际中社会称谓语的缺环现象。这一课题值得我们从各个角度做进一步的研究探讨。从称谓语语用这一角度来看，汉英称谓语的对比研究具有一定的社会现实意义。

第二节　考察范围与研究现状

1.2.1　考察范围

陈原先生在《变异和规范化》（1987）中提到，语言这个变量是跟着社会这个变量变化的。社会这个变量不断地在变化，语言也跟着它在不断地变化。[②]"语言不仅仅是一个结构符号系统，而且是一个与社会和文化密切相关的符号系统。"[③]语言是社会文化和生活环境的产物，不同的民族有着不同的文化背景，不同文化背景下的称谓语系统存在较大的差异。汉英两个民族有着不同的社会发展历史和文化背景，因此汉英称谓语系统存在较大的差异。

本研究以语言学既有的理论成果和研究视角为指导，结合作者广泛收集的汉语英语亲属称谓语相关资料，多角度、多层面地进行汉英亲属称谓语系

[①] 刘永厚. 汉语称呼语的研究路向综观［J］. 语言文字应用，2010（3）.
[②] 陈原. 变异和规范化［J］. 语文建设，1987（4）：3-9.
[③] 陈建民. 关于语言与文化研究的思考［J］. 汉语学习，1992（4）：1-4.

统对比描述，考察汉英亲属称谓语系统的异同，分析造成这种差异的主要原因。本研究对比考察了汉英亲属称谓语系统、汉英亲属称谓语的构词和词义、汉英亲属称谓语的面称和背称、汉英亲属称谓语的泛化现象、汉英亲属称谓语的性别差异以及汉英亲属称谓语蕴含的文化差异。

汉语亲属称谓语的面称和背称以及泛化是汉语称谓语独具特色的现象，特别是当今汉语亲属称谓语的泛化现象特别突出。本研究将汉语与英语亲属称谓中的面称和背称以及泛化现象做一番对比考察，以展示汉英文化的差异以及民族价值观的不同。用发展的眼光考察语言的变化，着眼语言和社会的共变，探索隐藏于亲属称谓语背后的深层文化，是本研究的初衷与特色。

本研究通过语言事实的描述比较，尽可能全面地展示汉英亲属称谓语的异同点，希望能为中英文化研究与教学、翻译实践工作等提供有价值的参考和帮助。

1.2.2 研究现状

1.2.2.1 国内研究

在我国，最早对现代汉语称谓系统进行详尽描述的是赵元任先生，他提到：说汉语的人在日常生活中最常用的称呼语就是"先生""太太"和"小姐"。[①] 当时对汉语称谓语的研究很少，只是侧重于词义考释及溯源探流。到了20世纪后期，由于国外语言学理论的引进，汉语称谓语的研究开始逐步走向多元化，对称谓语研究的内容不断拓展，研究的角度和方法也多种多样。学者们从风俗学、人类学、语源学、社会文化学等各种角度对汉语称谓语进行了研究，其成果浩瀚如海。

在研究称谓语与社会的关系方面，陈原在《变异和规范化》(1987)一文中认为："语言这个变量是跟着社会这个变量变化的。"[②] 施春宏在《交际空间与称谓系统的共变关系》(2011)一文中通过阐述新时期的两个称谓系统的变化过程，说明了称谓系统的变动和交际空间的调节之间的关系。[③]

在称谓语概念界定方面，主要涉及"称谓"与"称呼"概念的问题，大致有三种观点。第一，"称谓"等同于"称呼"。《汉语大辞典》和《辞源》都将"称谓"解释为"称呼、名称"。第二，称谓语包含称呼语。《现代汉语词典》（第7版）将"称谓"解释为"人们由于亲属或其他方面的相

---

① Chao Yuenren. Chinese Terms of Address. *Language*, 1956 (32).
② 陈原. 变异和规范化 [J]. 语文建设, 1987 (4)：3－9.
③ 施春宏. 交际空间与称谓系统的共变关系 [J]. 语言文字应用, 2011 (4)：35－43.

互关系,以及身份、职业等而得来的名称,如父亲、师傅、厂长等"。而"称呼"则是指"当面招呼用的表示彼此关系的名称,如同志、哥哥等"。也就是说,"称谓"是指人们依据亲属关系或其他关系而建立起来的称呼、名称。亲属称谓语指的是以本人为轴心确定亲属与本人关系的名称,是建立在血亲、姻亲基础上的亲属之间相互称呼的名称。从定义内涵中,我们可以得知,"称谓"包含了"称呼"。第三,"称谓"与"称呼"既有区别又有联系,具有交叉的关系,因为"称谓语中有一部分是不能用来当面称呼的",而"称呼语中也有一部分是并不表示彼此间的各种社会关系的"①。本书考察的对象是"称谓语"。

在称谓语的分类研究方面,相关研究散见于国内相关领域学者的论著中。因为复杂的社会关系,现代汉语的称谓语类别繁多且详细。学者们从不同的角度对称谓语进行分类,如从称谓语的的使用范围来看,可以分为亲属称谓语和社会性称谓语。从称谓语语用的角度来分类,亲属称谓语又可以分为亲属称谓(只用在亲属之间)和拟亲属称谓(用在社会上成员之间)。②依据不同的交际功能,社会性称谓语又可以分为社交称谓、关系称谓、职衔称谓、谦敬称谓、亲昵称谓和戏谑称谓。③

在称谓语与文化学研究方面,国内学者的研究成果丰硕。陈建民(1989)认为:汉语称谓语系统中的亲疏之别、内外之别、嫡庶之别,是以古代的宗法观念为依托的。④李树新在《现代汉语称谓词与中国传统文化》(1990)一文中指出:中国曾长期处于封建社会,在这一过程中,人们形成了封建的宗法观念。宗法观念制约着中国人的社会、政治和经济生活,同时,三纲五常的伦理道德观念也左右着人们的心理,形成了封闭性的和尊卑有序的文化心理定式。汉语称谓词受到宗法观念与三纲五常的伦理道德观念的制约,具有森严的等级特点,即"贵贱有别""长幼有差"等⑤。陈月明在《现代汉语社交称谓系统及其文化印记》(1992)一文中指出:当下一些社交称谓及其语用规则反映了新的人际关系和新的社会观念,但还是残留了

---

① 鞠彩萍. 30 年来汉语称谓语研究回顾与展望 [J]. 常州工学院学报, 2018 (6): 6.
② 李明洁. 现代汉语称谓系统的分类标准与功能分析 [J]. 华东师范大学学报 (哲学社会科学版), 1997 (5): 92.
③ 郑尔宁. 近二十年来现代汉语称谓语研究综述 [J]. 语文学刊, 2005 (2): 120 - 122.
④ 陈建民. 语言文化社会新探 [M]. 上海: 上海教育出版社, 1989: 21.
⑤ 李树新. 现代汉语称谓词与中国传统文化 [J]. 内蒙古社会科学 (文史哲版), 1990 (3): 118 - 121.

旧时的封建文化，比如，在称谓使用中，人们一直注重区分职位和年龄。①胡士云（2007）指出，"宗法对于汉语亲属称谓系统的形成具有决定性的影响，同时它也是汉语亲属称谓系统庞杂纷繁的主要原因"②。

社会的发展与进步会使人们产生新的文化观念，这些新的文化观念会导致称谓语发生变化。学者们开始研究新文化对称谓语产生的影响。姚亚平在《现代汉语称谓系统变化的两大基本趋势》（1995）中认为，称谓系统的变化不仅仅是一个语言问题，也是现代社会变化在语言中的投射，是人们价值观念的转型与重建。他认为称谓系统的简化和称呼观念的平等化，究其缘由是人们文化观念的转变。③李树新在《现代汉语称谓词与中国传统文化》（1990）一文中通过考察现代汉语称谓词，指出平等原则和情感原则在称谓语的选择上起很大作用，这是受新文化观念的影响。④

李树新在《现代汉语称谓词与中国传统文化》（1990）一文中将称谓词分为对称、叙称和自称。⑤李明洁的《现代汉语称谓系统的分类标准与功能分析》（1997）一文，在言语行为理论的指导下，对现代汉语称谓系统的功能进行分析，并对现代汉语称谓语系统进行了分类，厘清了系统中指称语、称谓语、面称语、称呼语和招呼语等概念的意义和关系；该文还指出，以往的称谓语的分类标准由于缺乏系统性而导致其分类结果缺乏系统性。⑥在亲属称谓语研究方面，学者们对亲属称谓语的研究由单一的角度到多角度，逐渐由本体研究转向社会文化研究、语用研究等，呈现出跨学科的研究趋势。

在"面称"和"背称"研究方面，赵元任先生的《汉语称呼用词》（1956）分析了新的考察称谓的重要因素，即直接称呼语（面称）和间接称呼语（背称）。⑦后来，国内学者在研究称谓语时，将面称和背称区分开来研究，也是受到赵先生该文的影响。崔希亮（1996）认为面称就是称呼性称谓，背称就是指称性称谓。如亲属称谓的"爸爸""妈妈"是面称，"父亲""母亲"是背称。有些称谓面称和背称同形，如"舅舅""老板"等。⑧他的

---

① 陈月明. 现代汉语社交称谓系统及其文化印记 [J]. 汉语学习，1992（2）：32－36.
② 胡士云. 汉语称谓研究 [M]. 北京：商务印书馆，2007：369－370.
③ 姚亚平. 现代汉语称谓系统变化的两大基本趋势 [J]. 语言文字应用，1995（3）：94－99.
④ 李树新. 现代汉语称谓词与中国传统文化 [J]. 内蒙古社会科学（文史哲版），1990（3）：118－121.
⑤ 李树新. 现代汉语称谓词与中国传统文化 [J]. 内蒙古社会科学（文史哲版），1990（3）：118－121.
⑥ 李明洁. 现代汉语称谓系统的分类标准与功能分析 [J]. 华东师范大学学报，1997（5）：92.
⑦ 赵元任. 汉语称呼用词 [J]. 语言研究，1956（1）.
⑧ 崔希亮. 现代汉语称谓系统与对外汉语教学 [J]. 语言教学与研究，1996（2）.

观点得到了学者们的认可。

在称谓语研究的综述方面,龙紫薇的《近十年来汉语亲属称谓研究综述》(2018)一文对汉语中有关亲属称谓语的研究进行了梳理,对于了解我国亲属称谓研究的发展方向,以期为今后亲属称谓的深入研究提供了一些参考。①王倩蕾的《现代汉语亲属称谓研究综述》(2013)从亲属称谓的语形、语义、语用多角度展示亲属称谓研究的成果,具有一定的可取性。②胡士云的博士学位论文《汉语亲属称谓研究》(2001)详尽地描述了汉语亲属称谓系统,并通过共时与历时研究,所获得的成果为后来很多学者认同,具有代表性,颇具说服力。③

在称谓语新变化研究方面,潘攀的《论亲属称谓语的泛化》(1998)具有代表性。文章描写了现代汉语口语中亲属称谓语泛化的表现,着重分析了泛化的特点及原因,认为:亲属称谓语的泛化普遍遵循亲密和尊敬两条基本原则;泛化的亲属称谓语结构上大都带有泛化的形式标记;泛化的主要动力来自中国古代的社会结构特点及传统的文化、人际关系等的影响。④其观点为众多学者认可并引用。

汉语亲属称谓系统虽然庞杂,但并非无章。汉语亲属称谓中的书面称谓系统始终保持其基本面貌,既体现了其作为基本词汇稳定性的一面,又使演变有所本,不离其宗。亲属称谓始终处于变化之中,部分旧有称谓的不再使用和新称谓、新用法的产生,丰富了整个系统,使其具有多样性,可以满足语言使用的多方需要。

国内学者对于称谓缺位现象也进行了较深入的研究。这类研究的代表作有李树新、杨亭的《汉语亲属称谓泛化的文化心理考察》⑤,刘琳的《现代汉语亲属称谓的泛化问题研究》⑥,张俊梅的《论亲属称谓语的泛化》⑦,王娜的《现代汉语"亲属称谓语的泛化"研究》⑧,王薇的《从亲属称谓泛化看

---

① 龙紫薇,喻锦. 近十年来汉语亲属称谓研究综述[J]. 吉首大学学报(社会科学版),2018,39(S2):210–213.
② 王倩蕾. 现代汉语亲属称谓研究综述[J]. 连云港师范高等专科学校学报,2013,30(3):40–44.
③ 胡士云. 汉语亲属称谓研究[D]. 广州:暨南大学,2001.
④ 潘攀. 论亲属称谓语的泛化[J]. 语言文字应用,1998(2):36–40.
⑤ 李树新,杨亭. 汉语亲属称谓泛化的文化心理考察[J]. 内蒙古社会科学(汉文版),2005(3):89–92.
⑥ 刘琳. 现代汉语亲属称谓的泛化问题研究[D]. 西宁:青海民族大学,2012.
⑦ 张俊梅. 论亲属称谓语的泛化[D]. 呼和浩特:内蒙古大学,2012.
⑧ 王娜. 现代汉语"亲属称谓语的泛化"研究[D]. 曲阜:曲阜师范大学,2006.

"哥/姐"由亲属称谓向社会称谓转移的动因与机制》[①]、高翔的《教师称谓的历时演变及动因研究》[②]等，学者们分别就亲属称谓和社交称谓的泛化来讨论称谓的泛化问题。陈建民的《现代汉语称谓的缺环与泛化问题》[③]和李树新的《论汉语称谓的困境与缺环》[④]对称谓的缺位现象提出了不同的意见，具有代表性。

在称谓语性别差异研究方面，目前国内在称谓语性别差异这方面的研究较少。到目前为止，对这个问题进行过专题研究的学者只有张莉萍博士一人，她的硕士学位论文《称谓语性别差异研究》和博士学位论文《称谓语性别差异的社会语言学研究》将称谓语和性别结合起来进行研究，并对这个专题进行了比较系统、深入的研究，拓展了语言与性别和称谓语的研究新视角。张莉萍在她的博士学位论文中立足于描述男女两性的称谓语以及不同性别对称谓语的使用情况来进行研究，从社会语言学强调的"人和社会"的角度来审视性别差异在称谓语上的表现，探索语言性别研究的新领域，同时进行方法上的探索，揭示称谓语体系中的性别特征以及两性使用称谓语的情况，探究其背后所隐藏的社会文化历史原因。[⑤]已经发表的关于性别与称谓语方面的文章有：钱进的《称谓的性别语义场》[⑥]、钟如雄的《汉语称谓词的性别异化》[⑦]、郝媛媛的《当前女性社会称谓语缺位现象探微》[⑧]、李军的《汉族与朝鲜族夫妻称呼语的对比分析》[⑨]等。这些文章对称谓语性别差异的研究主要集中在语言的性别歧视上，研究对女性称谓的歧视。英语称谓语中也存在大量的女性歧视现象，本书在第七章对比考察了汉英亲属称谓系统中存在的性别歧视现象。

在汉英亲属称谓语对比研究方面，裘燕萍的《汉英亲属称谓系统的对比研究》（2003）从汉英亲属称谓不同、面称呼语不同、汉英亲属称谓语泛化以及文化差异等方面进行了对比研究，其成果有可取性。[⑩]毕继万的《汉语

[①] 王薇. 从亲属称谓泛化看"哥/姐"由亲属称谓向社会称谓转移的动因与机制 [D]. 广州：暨南大学，2011.
[②] 高翔. 教师称谓的历时演变及动因研究 [D]. 武汉：华中师范大学，2007.
[③] 陈建民. 现代汉语称谓的缺环与泛化问题 [J]. 汉语学习，1990（1）：20-24.
[④] 李树新. 论汉语称谓的困境与缺环 [J]. 内蒙古社会科学（汉文版），2004（6）：88-93.
[⑤] 张莉萍. 称谓语性别差异的社会语言学研究 [D]. 北京：中央民族大学，2007.
[⑥] 钱进. 称谓的性别语义场 [J]. 青海社会科学，2004（6）：92-95.
[⑦] 钟如雄. 汉语称谓词的性别异化 [J]. 西南民族学院学报（哲社版），2002.
[⑧] 郝媛媛. 当前女性社会称谓语缺位现象探微 [J]. 四川教育学院学报，2005.
[⑨] 李军. 汉族与朝鲜族夫妻称呼语的对比分析 [J]. 延边大学学报，2000（1）.
[⑩] 裘燕萍. 汉英亲属称谓系统的对比研究 [J]. 四川外语学院学报，2003（3）：145-149.

与英语称谓词用法比较》(1989)从汉英亲属称谓、汉英社交称谓以及汉英亲属称谓和社交称谓引申用法等角度对英汉称谓词进行了比较。① 田惠刚的《中西人际称谓系统》(1998)是第一部从中西对比角度论述人际称谓的专著。该书涉及语言学、文化人类学、社会学、姓名学、民俗学等研究领域。② 容晨朴的《从认知语言学的角度看汉英称谓语的差异》(2005)从认知语言学的角度对汉英语中的称谓语进行比较分析,在进行汉英称谓语对比分析时所运用到的认知语言学方面的基本理论包括意象概念、象似性、隐喻等。其认为是认知上的分歧导致了汉英称谓语之间的差异,研究成果对称谓语的应用和对外汉语教学有启发。③ 王杨琴的《汉英亲属称谓语的多角度对比与研究》(2010)运用语义学、语用学及语言与文化的关系的理论,采用对比分析的方法,旨在对汉英亲属称谓进行多角度的对比研究。④ 国内学者对中外称谓做比较研究的成果较多,语言是不断发展的,本书将重新梳理汉英亲属称谓系统的差异,从语言事实出发展开对比,用发展的眼光将最新的异同点展现出来,希望对以后的汉英称谓语比较研究有一定的参考价值。

在现代亲属称谓语发展研究方面,姚权贵的《亲属称谓的演变及其文化动因》(2016)认为亲属称谓的历时演变,往往是社会发展、亲属制度、汉字形音义、方言俗用等众多文化因素共同促成的。⑤

在社会称谓语的研究领域,总的来说,学界对社会称谓语的研究少于亲属称谓语。李晓静的《现代社会称谓语的分类及使用情况分析》(2007)认为:社会称谓语是一个敏感、开放的语汇系统,时代的变迁和价值观念的更新都会引起社会称谓语义及其功能的变化。文章对常见的社会称谓语,如姓名称谓语、职务称谓语、通用称谓语、拟亲属称谓语和零称谓语等语义及其功能的变化进行了详细的阐述。⑥ 李思敬的《50年来的"社会称谓"变迁杂忆》(1996)分析了多种社会称谓法并存而各行其道的现象,认为这种复杂的社会称谓是不同时代的产物,是50年来社会称谓的积淀,反映着50年来社会心理的变化和中国社会变化的轨迹。⑦ 高剑华的《新中国成立以来社会称谓语的变化与发展》(2008)考察了新中国成立以来社会称谓语的变化

---

① 毕继万. 汉语与英语称谓词用法比较 [J]. 世界汉语教学, 1989 (3): 176-178.
② 田惠刚. 中西人际称谓系统 [M]. 北京: 外语教学与研究出版社, 1998.
③ 容晨朴. 从认知语言学的角度看汉英称谓语的差异 [D]. 天津: 天津大学, 2005.
④ 王杨琴. 汉英亲属称谓语的多角度对比与研究 [D]. 武汉: 湖北工业大学, 2010.
⑤ 姚权贵. 亲属称谓的演变及其文化动因 [J]. 中华文化论坛, 2016 (3): 46-50.
⑥ 李晓静. 现代社会称谓语的分类及使用情况分析 [J]. 职大学报, 2007 (1): 72-75.
⑦ 李思敬. 50年来的"社会称谓"变迁杂忆 [J]. 语文建设, 1996 (9): 32-34.

及发展,并分析了社会称谓语的泛化现象及其原因。① 李琼、杜敏的《当代中国汉语社会称谓语变迁的研究》(2011)从社会、政治、经济、文化的角度,对汉语社会称谓语使用状况、称谓的演变以及称谓语语义的变化进行研究,不仅有助于我们正确认识和总结语言的发展变化规律,也有助于我们分析和研究语言,特别是社会称谓语的发展趋势。② 程悦的《当代汉语新型称谓语调查分析》(2018)对新时期新型社会称谓语进行了界定,同时,参考学界的分类方法,对新时期新型社会称谓语从构造方式、修辞、来源以及感情色彩四个角度进行分类,从不同角度、不同层面切入,全方位剖析了丰富多彩的新时期新型社会称谓语的特征。③

1.2.2.2 国外研究

国外对于亲属称谓语的研究,大都集中在人类学的领域,这其中最具代表性的人物是美国人类学家默多克和摩尔根。默多克提出了核心家庭的概念,他是亲属制度研究的创始者。他利用对亲属称谓制度的研究,来考察和划分家庭制度的类型与历史发展,这种研究途径也是他首创的。路易斯·亨利·摩尔根是19世纪最有影响力的美国人类学家。他在1871年出版的《人类家族的血亲和姻亲制度》一文中确立了所有人类学研究中最深奥的课题:亲属关系。摩尔根是对亲属制度进行科学研究的开创者,他对亲属制度的划分提出了新的观点,这些观点为后人的研究做了铺垫。书中对亲属称谓、婚姻实践和家庭形式进化进行了讨论,并将其当作对语言学问题的讨论。后来,默多克在摩尔根开创的研究基础上,比较完整地概括了世界上六种主要的亲属称谓制度。摩尔根把所有的亲属制度分为描述制(descriptive system)和分类制(classification system)两种,他提出的观点至今仍然被现代学者沿用。摩尔根也是国外最早研究汉语亲属称谓的著名学者,他发表了《人类家族的亲属制度》(1871)一文。在他的研究中,他注意到汉语亲属称谓的纷繁复杂与汉族社会的亲属制度、婚姻制度以及民族文化具有深刻关联性。美国著名人类学家克鲁伯(A. L. Kroeber)也研究过汉语的亲属称谓,国外许多学者很早就注意到汉语亲属称谓的复杂多样性。默多克在上述基础上把人类诸多语言所反映的全部亲属称谓制度分成六种类型:爱斯基摩制、夏威夷

---

① 高剑华. 新中国成立以来社会称谓语的变化与发展[J]. 大连民族学院学报, 2008(4): 349-352.

② 李琼,杜敏. 当代中国汉语社会称谓语变迁的研究[J]. 西北大学学报(哲学社会科学版), 2011, 41(6): 74-77.

③ 程悦,崔璨,陆夏怡然,等. 当代汉语新型称谓语调查分析[J]. 职大学报, 2018(2): 111-116.

制、易洛魁制、奥马哈制、克劳制和苏丹制。

布朗（Brown）于1961年发表了《表示权势与平等关系的代词》一文，文中对欧洲语言中的第二人称进行了考察，认为人称的使用要受到两个因素的制约，即"权势"（power）和"同等"（solidarity）。① 他们提出的"权势"和"同等"理论对社会称谓语的研究具有很大意义。在英语称谓语研究中，社会语言学家运用了布朗和吉尔曼的代词研究成果，即"权势关系"与"等同关系"的模式，把称谓语分为两种：对称式称谓语和非对称式称谓语。美国英语称谓系统中的语义关系选择和早期布朗和吉尔曼关于代词对称中的权势与等同非常相似，都受到权势与等同语义关系的制约。汉语称谓语的选择使用同样也会受到权势关系和等同关系的制约。布朗和福特（Brown & Ford）于1964年发表了《美国英语中的称谓》，对美国英语称谓的使用模式进行了深入研究，认为：美国英语的称谓语有三类，一是以姓为称谓语，二是以官衔加名为称谓语，三是以职业为称谓语。他们对美国英语的称呼进行的研究是开创性的。社会语言学家还认为考虑自己与对方的关系是选择使用称谓语的重要因素。著名的社会语言学家苏珊·厄文-特里普（Susan Ervin-trip）于1972年对英语称呼进行了研究。她的《语言交际分析》归纳了社会语言学规则，此规则阐述了语言的使用由于社会差别而迥异，认为"每个社会的人，当需要使用称谓语时，必须考虑自己与对方的关系"。② 女性称谓语研究不仅是西方语言学家研究的方向，也是许多中国学者研究的热点问题。这种研究通过将中西方女性称谓语使用现状进行对比，以体现中西方文化中女性地位方面的差异。目前，西方语言学家对女性称谓语领域的研究已经进入比较成熟的阶段。例如，Kramer 的"Sex-related Differences in Address Systems"以及 Bassoons 的"Using a Different Model for Female Sexual Response to Address Women Problematic Low Sexual Desire"都是从性别差异出发来研究称谓语的使用。③

---

① Brown R, Ford M. Address in American English. *Journal of Abnormal and Social Psychology*, 1961.
② 靳晓红. 文学作品称谓语初探 [D]. 上海：华东师范大学，2007.
③ 李贞. 浅析中国传统观念在汉语称谓语上的体现 [D]. 哈尔滨：黑龙江大学，2012.

第三节　基本思路与研究方法

1.3.1　基本思路

本书在参考前辈学者在汉语亲属称谓语相关研究成果的基础上，结合作者收集的大量英语和汉语称谓语的语料，对汉英亲属称谓语系统、汉英亲属称谓语的构词及语义特点进行了详尽的对照描写，在完成汉英亲属称谓语本体对比描述后，进一步探讨汉英亲属称谓语的面称、背称、泛化以及性别差异现象，通过对语言事实的描写以及对比分析，总结汉英亲属称谓语所具有的共性特点，同时找出它们的个性特征以及差异，从对比语言学、文化学以及社会学等多个角度探究造成其异同的深层原因，并做出解释。

1.3.2　研究方法

本书的研究方法如下。

第一，比较语言学方法。本书从谱系、词汇、语法、构成体系、泛化现象、文化等角度对比、分析汉英亲属称谓语的差异及其所蕴含的文化内涵。

第二，描写与解释相结合的研究方法。本书采取描写与解释相结合的方法，描写了汉英亲属称谓语在各个层面的异同并做出解释。

第三，定量定性方法。本研究对汉英亲属称谓语进行穷尽式的统计，同时在统计的基础上做进一步的定性分析，归纳出汉英两种语言的亲属称谓语系统在各层面的异同点。

第四节　本书特色与研究创新

第一，本书多角度、较全面地描述并比较了汉英亲属称谓系统在各个层面的异同，并做出解释，这是本研究的特色之一。

第二，随着社会的发展，称谓语的使用也发生了变化；本研究采取静态与动态相结合的研究方法对比考察汉英亲属称谓语系统的异同点。将研究对象定位为汉英亲属称谓语对比研究，是对汉英两种语言的亲属称谓语的一次系统性的梳理，通过对汉英亲属称谓语进行系统的、多层次的比较考察，探究出隐藏在差异背后的深层原因，期望其研究成果能为今后汉英亲属称谓语对比研究提供一些参考，为汉英语言学习与教学、语际翻译的研究提供参考，这是本研究的特色之二。

第三，汉语亲属称谓语的面称和背称以及泛化是汉语称谓语独具特色的现象，当今汉语亲属称谓语的泛化现象特别突出，本书就这两个方面进行了汉英对比考察，充分展示汉英文化的差异以及民族价值观的不同。着眼语言和社会的共变，探索隐藏于称谓语背后的深层文化，这是本研究的特色创新之三。

第二章 称谓语的性质和类型

第一节 称谓语的性质

2.1.1 称谓的概念

称谓是语言交际过程的重要组成部分，是一个庞大的语言文化系统。称谓语（考虑到行文方便，本书中"称谓语"与"称谓"为同一概念）是语言的特殊符号。"称谓"二字最早见于《晋书·孝武文李太后传》所载会稽王司马道子的书启："虽幽显而谋，而称谓未尽，非所以仰述圣心，允答天人。宜崇正名号，详案旧典。"袁庭栋《古人称谓漫谈》[①]中指出"称谓"就是对人的称呼。《现代汉语词典》对称谓语的定义是"人们由于亲属和别的方面的关系，以及身份、职业、性别等而得来的名称，如父亲、师傅、厂长等"[②]。这个解释是目前人们所公认的。称谓是用来区分人们在社会关系中所扮演的不同角色，它是为了表示人们的社会关系而产生的。称谓系统可泛指一切人和物，这是广义的称谓系统；狭义的称谓系统专门用于指人，即人际称谓系统。本书研究的范畴是狭义的人际称谓系统。

近期学者关于称谓语的界定，有以下几种说法。

李明洁在《现代汉语称谓系统的分类标准与功能分析》(1997)一文中依据言语行为的基本功能，对现代汉语称谓系统中出现的几个易混淆的概念进行了界定："现代汉语语汇中凡为完成表述功能而具有指称作用的皆为指称语；指称语中指人的那一部分为称谓语；称谓语中具有自我描述功能的为面称语，不具备者为背称语；面称语中具有导入—维持功能的为称呼语，不具备者为自称语。"[③] 本书也持该观点。汉语语汇包括述谓语和指称语，指称语中指人的叫作称谓语，根据其交际功能，称谓语又分为面称语和背称语。

---

① 袁庭栋. 古人称谓漫谈[M]. 北京：中华书局，1994.
② 中国社会科学院语言研究所词典编辑室. 现代汉语词典（第七版）[M]. 北京：商务印书馆，2016：2156.
③ 李明洁. 现代汉语称谓系统的分类标准与功能分析[J]. 华东师范大学学报（哲学社会科学版），1997（5）：92-96.

《现代汉语词典》对"称呼"的解释是:"当面招呼或背后指称用的表示彼此关系或对方身份的名称,如同志、哥哥、王主任、李老师等。"《现代汉语词典》中对"称谓"的解释是:"人们由于亲属和别的方面的关系,以及身份、职业、性别等而得来的名称,如父亲、师傅、厂长等。"从中我们可以看出,"称呼"和"称谓"都可以用来表示交际对方的身份和交际者的相互关系。

称谓语和称呼语相互区别,又相互联系。关于"称谓"与"称呼",学术界有三种不同的看法。

第一,一体说。网络搜索对"称谓"的解释是:人们因亲属或其他关系而建立起来的称呼、名称。而称呼指的是人们在日常交往应酬之中所采用的彼此之间的称谓语。杨应芹、诸伟奇在《古今称谓辞典》(1989)自序中说:"称谓,就是人们可以用来相互称呼的有关名称。"[①]《辞源》(修订本)和1997年《汉语大词典》(缩印本)都以"称呼"解释"称谓":"称谓就是称呼,就是人们在交际中怎么称呼别人和自己。"

第二,包含说。该观点认为:称呼语是称谓语的一部分。[②] 称谓语是人们用来表示彼此间的各种社会关系及身份、职业等的名称。称谓语包括名称和称呼两大类。[③] 称谓语中的名称是用来表示职业等的一种语言形式,属于背称;称谓语中的称呼语是用来打招呼,表示彼此间的各种社会关系及身份,是言语形式,属于面称。由此可见,称谓语包含称呼语,称呼语只是称谓语的一部分。

第三,交叉说。逄永顺在《称呼语及其使用》(1985)中认为,称呼语就是当面招呼用的,表示彼此关系名称的词语;而称谓语则是对他人进行介绍用的,表示身份的词语。[④] 比如,在家里孩子称呼"爸爸",一般不称呼"父亲","爸爸"是称呼语,也可以用作称谓语,而"父亲"仅仅是称谓语(背称)。在学校,学生称呼"王老师","老师"是称呼语,而"教师"则是从事教育工作的职业名称,是称谓语,不能用作称呼语。他认为称呼语在人们当面打招呼时可以使用,在实际的交际场合中能够在第一时间表明彼此关系;而称谓语指的是在对他人进行介绍时需要向对方表明身份的词语。曹炜在《现代汉语中的称谓语和称呼语》(2005)中也认为称谓语和称呼语是

[①] 杨应芹,诸伟奇.古今称谓辞典[M].合肥:黄山书社,1989.
[②] 鞠彩萍,周建兵.30年来汉语称谓语研究回顾与展望[J].常州工学院学报(社科版),2018,36(3):68-76.
[③] 周健.汉语称谓教学探讨[J].语言教学与研究,2001(4):31-38.
[④] 逄永顺.称呼语及其使用[J].语言教学与研究,1985(2):89-96.

两种具有密切联系却又存在明显差异的不同的词汇现象。他认为，称谓语就是人们用来表示各种社会关系以及所扮演的社会角色等使用到的名称，所谓称呼语指的是人们彼此间当面打招呼时使用的名称。①

本研究认为，称谓语和称呼语在语义上有联系，在语用上有区别。称谓语和称呼语都具有指称功能。称谓语用于表示社会关系及其社会角色，这种社会关系及其社会角色在某一个特定的文化中是有层次、有系统的，作为表示社会关系及其社会角色的称谓语词汇的总和构成了一个有层次、有系统的词汇系统，系统中的个体称谓语成员处于静止状态中，没有处于具体动态语境中。而称呼语是语境化、个体化的言语单位，它的指称功能（referential function）是称呼语和现实世界中具体的人之间的指称关系，而非抽象的指称关系。②

称谓语远离语境，处于相对静止状态，是语义单位；称呼语处于动态的语境中，是语用单位。称谓语属于语义范畴，具有一定的系统性和稳定性。汉语称谓语系统性由两个子系统构成——亲属称谓系统和社会称谓系统，系统具有稳定性。因为亲属称谓是对具有血亲关系、姻亲关系者的称谓，亲属关系是相对稳定的；社会称谓系统由职业、职称、职务等子系统组成，职业、职称、职务的概念也是相对稳定的。称呼语则具有一定的灵活性、特殊性。称呼语用于具体的语境中，由于交际双方的身份、地位、阶层、教养、动机、态度、情绪、年龄、性别等因素的不同，称呼语的使用表现出多样性、非规约性、口语化、个性化的特征。

称谓语和称呼语在语义上有关联，在语用上有区别。称谓语系统中可以直接称呼对方的称谓语实际上就是称呼语，所以称谓语和称呼语有交叉和重叠的部分。它们之间的区别见表1。

表1　称谓语与称呼语差异比较

称谓语	称呼语
指称、称呼	称呼
间接指称（背称）	直接称呼（面称）

---

① 曹炜. 现代汉语中的称谓语和称呼语 [J]. 江苏大学学报（社会科学版），2005（2）：62 - 69.
② 么孝颖. 称谓语 = 称呼语吗？——对称谓语和称呼语的概念阐释 [J]. 外语教学，2008（4）：20 - 24.

续上表

称谓语	称呼语
语义范畴	语用范畴
非语境中使用、静态的	语境中使用、动态的
表示交际者之间稳定的社会关系	表示交际者之间动态的社会关系

"称谓"的英文是"address",指"直接和某人说话","address term"指说话人在交谈中用来直接称呼听话人用的词和短语(Braun,1988:7)①,"address term"的变体有"address form, term of address, form of address",都是指"称谓语"。"address"一词在英语中还有"称呼"之意。英语中"address term"包括名词称呼语和人称代词(主要是第二人称代词)。汉语的传统研究中,第二人称代词不在称呼语的范畴内,但近年来,学者们将人称代词的称呼语也归于称呼语的范畴,从内涵上看,汉英称谓语的概念基本是一致的。

称谓语还具有很强的社会功能,对于同一个人的多种称谓可反映出社会复杂的人际关系,人们之间的称呼可以衡量出交际者之间的人际关系,所以称谓是一种社会现象。不同的文化、不同的社会组织结构有着不同的称谓系统,称谓语在任何语言中都担任着重要的社交礼仪作用。

综上所述,本研究认为称谓语是"人类社会中体现特定的人在特定的家庭或社会人际关系中的特定的身份,包括辈分、职业、地位、性别等而得出来的,反映了人们的社会关系的一整套名称"②。

2.1.2 称谓语与文化

文化是人类历史发展到一定阶段的产物,文化是一种社会现象,它凝聚着一个民族的文明和历史。在我国,"文化"一词最早出现在两千多年前的西汉,当时人们对"文化"一词的理解各不相同。直到唐代,学者们对于"文化"的理解仍然狭义和片面,但有了较有见地的解释,认为:文化是社会的文化,由文学艺术和风俗礼仪等上层建筑的一些要素组成。③ 随着历史的发展,文化的内涵不断丰富,直到现在,人们还没有停止研究"文化"的

---

① 刘永厚. 汉语社会称谓语的语义 [D]. 北京:知识产权出版社,2017:5.
② 魏清. 汉泰称谓语比较研究 [D]. 南京:南京师范大学,2005.
③ 郑野. 汉英文化对比与互译 [M]. 北京:中国水利水电出版社,2016:1–15.

概念。《现代汉语词典》对文化的解释为"文化是人类社会历史发展过程中所创造的物质财富和精神财富的总和"。金惠康（2004）指出，"文化是生产方式、生活方式、价值观念以及社会准则等构成的复合体"。①

西方国家学者对"文化"的界定也各有侧重点。英国语言学大师 Jack C. Richard 在《语言迁移与会话能力》（2010）一书中认为"文化是一个复杂交错的系统，它包括了该人群中无论对个人还是对整体具有意义和内涵的价值观、态度、信仰和准则"。② 英国文化人类学家泰勒在《原始文化》（*Primitive Culture*）（1871）一书中认为："文化是一种复杂体，它包括知识、艺术、信仰、道德、风俗以及其余社会上习得的能力与习惯。"③

虽然中西方学者对"文化"的界定有所不同，但是对文化本质的认识是一致的，即文化是历史的沉淀，是人类社会实践的产物，包括所有人类创造出来的精神财富和物质财富。

语言是一种符号系统，与文化有着不可分割的密切关系。语言既是文化的载体，又是文化的写照，正是由于语言的产生和发展，人类文化才得以产生和传承。语言系统中蕴含着一个民族的价值观念、风俗习惯、生活方式等文化因素，这种文化因素又体现在语言的词汇系统中。

称谓语是语言的特殊符号，不同语言的称谓语是不同民族文化的折射，反映了不同的文化差异和文化底蕴，不同的文化有其不同的称谓习惯和方式，称谓语与文化是密不可分的。

在汉语的众多词汇中，称谓语是人们日常人际交往过程中必不可少的工具，它系统而直接地反映出汉民族的各种观念文化。比如，中华民族的传统价值观"卑己而尊人"——就在社交称谓语中淋漓尽致地反映出来，表现在汉语称谓语中有大量的敬词和谦词。古时常用称人、称己的敬谦词，如自谦称谓有仆、愚、鄙人、不才、在下、贱子、贱妾、奴才；尊人称谓有君、公、尊驾、长者、足下、阁下、夫君。④ 在现代社会，这种价值观念也没有完全改变。现实生活中，我们会听到各种尊称和谦称。如称对方"您、您老、先生"等，而自称为"小弟"。称对方家人"令郎、令尊"，称自家小孩"小儿、犬子"等。再比如，在当今社会中，我们在社交场合需要称呼别人的时候，经常会不知道交际对象的姓名、年龄、职业、身份、地位等情

---

① 金惠康. 跨文化交际翻译续编［M］. 北京：中国对外翻译出版公司，2004：35.
② Jack C. Richards. Language Transfer and Conversational Competence（with Mayuri Sukwiwat）［D］. 北京：外语教学与研究出版社，2010.
③ Tylor, Edward Burnett. 原始文化［M］. 北京：华夏出版社，1990：52.
④ 刘薇. 试论汉语称谓语的文化内涵［D］. 昆明：云南师范大学，2006.

况，在这种情况下，我们常常为了拉近与说话者的关系而采用亲属称谓语去称呼无亲属关系的人，如称呼比自己年长的人为"大爷""大叔""阿姨"等。我们也通常把交际对象的社会地位抬高，采用趋高的称谓，如在大学，经常会称呼年龄稍长的老师为"某某教授"，而不会叫"某某老师"，即使该老师还未被评为教授。

称谓活动是人类的基本活动之一，称谓语是人类文化的一种重要载体，与文化有着密不可分的关系。称谓语忠实地反映着文化，是人类传播和保存文化的媒介，同时称谓语也不断地随着社会和文化的发展而变化，以适应和满足文化的需要。

第二节 汉英亲属称谓语的类型

2.2.1 汉语亲属称谓语的类型

汉语的称谓系统庞大繁杂，主要表现为汉语称谓的多层次性，不同的层次构成了汉语称谓系统的骨架。[1] 很多学者依据自己的研究分析，对汉语称谓系统进行了分类，由于分类标准不同，所以汉语称谓语的类别有很多种。李晓静在《现代社会称谓语的分类及使用情况分析》（2007）一文中认为，根据交际双方社会关系的不同，现代汉语称谓语可以分为亲属称谓语和社会称谓语；根据被称呼者是否在场，可以分为面称和背称；根据称谓语所用场合的不同，可分为书面称谓语和口头称谓语；根据称谓语构成的形式不同，可分为单纯称谓和复合称谓。[2] 社交称谓又可划分为通称、职业称谓、职务称谓和拟亲属称谓等。

曹炜在《现代汉语词汇研究》（2010）中也将称谓语分为亲属称谓语与社会称谓语两大类，其中社会称谓语主要包括职业称谓语、职称称谓语、职务称谓语、身份以及友邻关系称谓语、泛称（亲属泛称）称谓语等。曹炜还将称呼语分为亲属称呼语、社会称呼语和姓名称呼语。[3]

卫志强在《称呼的类型及其语用特点》（1994）一文中从语义的角度出发，将汉语的称谓体系分为六类[4]：①名或姓+名；②亲属称谓；③表示身份的名称；④标志职业职务的名称；⑤等义于名词的词汇形式；⑥零称呼。

---

[1] 崔希亮. 现代汉语称谓系统与对外汉语教学 [J]. 语言教学与研究，1996（2）：34-47.
[2] 李晓静. 现代社会称谓语的分类及使用情况分析 [J]. 职大学报，2007（1）：72-75.
[3] 曹炜. 现代汉语词汇研究 [M]. 广州：暨南大学出版社，2010.
[4] 卫志强. 称呼的类型及其语用特点 [J] 世界汉语教学，1994（2）：10-15.

李明洁在《现代汉语称谓系统的分类标准与功能分析》（1997）一文中根据言语行为的基本功能，对称谓系统中的诸多概念逐一进行了界定，认为：现代汉语语汇中，为了完成表述功能而具有指称功能的词即是指称语；指称语中指称人的为称谓语；称谓语可分为面称语和背称语；面称语依据是否具有导入—维持功能可分为称呼语和自称语。①

总的来说，称谓语主要由亲属称谓语和社会称谓语两大部分组成。根据不同的分类标准和称谓语的语义以及语用功能，还可以细分出更多类型。本文主要考察亲属称谓语，从共时的角度，对比考察汉英亲属称谓语系统。

曲彦斌在《民俗语言学》（1996）中指出，亲属称谓是建立在亲属关系，即血缘联系基础上的亲属之间相互称呼的名称、叫法。是以本人为轴心的确定亲属与本人关系的标志，是由历代婚姻关系所构成的男女双方亲族关系的次序结构排列而成的。②

胡士云在《汉语亲属称谓研究》（2001）中认为，亲属关系的产生有三种情况：第一是血缘关系产生的，第二是婚姻关系产生的，第三是法律认定的。③ 中国传统的亲属关系基本上是由血缘和婚姻关系产生的，有血缘关系的亲属为血亲，有婚姻关系的亲属为姻亲。血亲又分为直系血亲和旁系血亲。直系血亲是指与自己有直接血缘关系的亲属，如父亲、母亲、祖父母、外祖父母、子女以及孙子女；而旁系血亲是指与自己有间接血缘关系的亲属，如兄弟姐妹、伯父、叔父、姑母、姨母、舅父等。姻亲同样分为直系姻亲和旁系姻亲，直系血亲的配偶就是直系姻亲，旁系血亲的配偶就是旁系姻亲。

《尔雅》将亲属称谓分为四类，即宗族、母党、妻党、婚姻宗族。"父之党为宗族"，以父系宗族为主线，并以主线之间的血缘关系支配支线的排列次序。母党，即母系的亲族，有外公、外婆、舅舅、舅母、表兄弟、表姐妹等。妻党，包括妻子的亲属，有大舅、小舅、大姨、小姨等。婚姻宗族指丈夫的家人：公公、婆婆、大伯、小叔、媳妇、舅舅、外甥等。

我国古时的宗法制度以血亲、宗亲、姻亲划分亲属称谓。血亲称谓是指与自己有血缘关系的亲属的称谓，即"直系亲属"，如爷爷、奶奶、父亲、母亲、哥哥、姐姐、弟弟、妹妹、儿子、女儿、孙子、孙女等。宗亲称谓是

---

① 李明洁．现代汉语称谓系统的分类标准与功能分析［J］．华东师范大学学报（哲学社会科学版），1997（5）：92-96．
② 曲彦斌．民俗语言学［M］．沈阳：辽宁教育出版社，1996．
③ 胡士云．汉语亲属称谓研究［D］．广州：暨南大学，2001：3．

对以血缘关系承载的亲属关系的称谓,即"旁系亲属",如伯伯、姑姑、堂兄、堂弟、堂姐、堂妹、侄子、侄女等。姻亲称谓则是以婚姻关系的产生而产生的亲属的称谓,如丈夫、夫人、先生、太太、老公、老婆、公公、婆婆、大伯、小叔、大姑、小姑、岳父、岳母、大舅、小舅、大姨、小姨等。

汉语亲属称谓语还有以尊称和谦称划分的方式。清代梁章钜的《称谓录》把称谓分如自称、谦称、尊称、美称、杂称、泛称、贱称等;王利娜(2014)依据《现代汉语词典》(第六版)中所收词条统计出,古汉语中谦称约129个、尊称约433个,现代汉语中谦称约7个、尊称约124个。[①]

汉语亲属称谓语中的尊称和谦称是中华民族"礼"的原则在语言中的体现。尊称,即对对方或对方的亲属表示尊敬的称呼。古人对君主的尊称有"王、大王、君、上、皇上、陛下"等;现代汉语中的尊称有"大师、大伯、法师、老奶奶、老师、大驾"等。谦称则是指交谈时用谦虚的词语对自己或自己的亲属的称呼,如"愚兄、犬子、小女"等。

汉语亲属称谓语按语用功能的不同,有面称和背称之分。崔希亮在《现代汉语称谓系统与对外汉语教学》一文中指出,"现代汉语称谓语系统可以分为面称和背称。面称就是面对面时的称呼,背称是指称性称谓。如'爸爸、妈妈'是面称,而'父亲、母亲'则是背称"。[②] 面称指交际双方交谈时,彼此之间的直接称呼,即被称呼人在场时所用的称谓语;背称是被称呼人不在场时所用的称谓语。面称与背称,结合直系亲属与旁系亲属关系,分为直系亲属面称、旁系亲属面称和直系亲属背称、旁系亲属背称。直系亲属的面称称谓通常包括"爷爷、奶奶、爸爸、妈妈、老公、老婆、儿子、女儿"等。旁系亲属的面称称谓主要有"姑爷爷、姑姥爷、姑奶奶、姑婆、姑姥姥、舅公、舅婆、伯伯、伯母、叔叔、婶婶、姑父、姑妈、舅舅、舅妈、姨父、姨妈"等。直系亲属的背称称谓有"祖父、祖母,父亲、母亲,先生、丈夫,妻子、爱人、夫人、太太"等。旁系亲属的背称称谓则有"伯父、伯母,姑父、姑丈、姑夫、姑母、姑姑,叔父、叔母、婶母,侄子、侄女,堂伯父、堂叔父,舅父、舅母,妗子,姨父、姨丈、姨夫、姨母,堂兄弟姐妹、表兄弟姐妹、堂侄子、外甥、外甥女、表侄子、表侄女,表外甥、表外甥女,侄孙、侄孙女"等。

汉民族亲属关系的界定如此复杂,导致了亲属称谓语系统也相当庞大繁杂,对汉语亲属称谓的分类,学者们也持有多种方法。刘校光在《对外汉语

[①] 王利娜. 汉语尊称、谦称研究 [D]. 西安:西安外国语大学,2014.
[②] 崔希亮. 现代汉语称谓系统与对外汉语教学 [J]. 语言教学与研究,1996 (2):34-47.

教学常用亲属称谓词汇的研究》中提出了汉语亲属称谓系统二分法。如图 1 所示。①

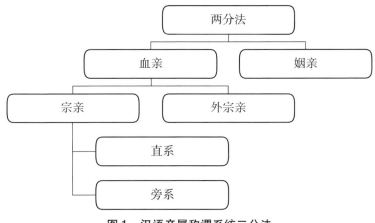

图 1　汉语亲属称谓系统二分法

二分法即将汉语亲属称谓系统分为血亲和姻亲两大类，血亲又可分为宗亲和外宗亲，宗亲又分为直系宗亲和旁系宗亲。此二分法，分类清晰，比较直观地体现了汉民族复杂的亲属关系。

孙敏在《汉英现代亲属称谓语比较研究》（2014）中提及了汉语亲属称谓系统四分法。如图 2 所示。②

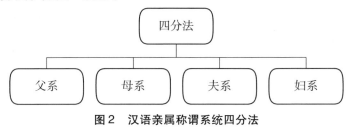

图 2　汉语亲属称谓系统四分法

四分法将亲属称谓系统分为父系、母系、夫系和妇系，这种分类似乎有些笼统，不能清晰地展现亲属间的复杂关系。

胡士云的《汉语亲属称谓研究》（2001）将汉语亲属称谓系统拆分为十个小系统，即：①直系血亲称谓系统；②兄弟姐妹及其子孙称谓系统；③父

---

① 刘校光. 对外汉语教学常用亲属称谓词汇的研究 [D]. 郑州：郑州大学，2014．
② 孙敏. 汉英现代亲属称谓语比较研究 [D]. 兰州：兰州大学，2014．

系兄弟姐妹及其子孙称谓系统；④祖父之兄弟姐妹及其子孙称谓系统；⑤高祖父、曾祖父兄弟姐妹及其子孙称谓系统；⑥母系兄弟姐妹及其子孙称谓系统；⑦祖母之兄弟姐妹及其子孙称谓系统；⑧外祖父、外祖母兄弟姐妹及其子孙称谓系统；⑨丈夫及其直系血亲称谓系统；⑩妻子及其直系血亲称谓系统。① 从中可以看出，亲属分为两大类：一类是血亲，一类是姻亲，血亲和姻亲分属不同的血统。血亲指彼此具有血缘关系的亲属，如父母、子女、兄弟、姐妹、祖父母。姻亲是指通过婚姻而产生的亲属关系，包括个人的配偶与配偶的所有亲戚以及所有血亲的配偶及其所有亲戚。因此，亲属称谓可分为四类：父系亲属称谓、母系亲属称谓、血亲亲属称谓和姻亲亲属称谓。汉民族的亲属关系分得很清楚，根据亲属与自己是否有直接关系，将血亲分为直系血亲和旁系血亲，将姻亲也分为直系姻亲和旁系姻亲。比如，父系、母系、父母与子女、祖父母与孙子女都是直系血亲；伯父、叔父、姑母、舅父、姨母等都是旁系血亲；直系姻亲如儿媳、孙媳等，旁系姻亲如嫂子、弟媳、姐夫、妹夫等。

汉语称谓语中除了亲属称谓语，另一大类是社会称谓语，即用于社会中人与人之间交流时的称呼用语，并非用于家庭成员之间的交流。田惠刚认为"社会称谓语指人们在交际时，作为社会群体的人所运用的称呼"②。相对于亲属关系比较固定，亲属称谓的概念也比较固定来说，由于社会的不断发展，社会称谓语是不断地在发生变化的，学者们对于其内涵与分类有不同意见。有学者将社会称谓归为非亲属称谓，其中非亲属称谓包括社会称谓、姓名称谓、排行称谓、性别称谓等；也有学者将社会称谓四分：泛称社会称谓、借称社会称谓（即借用亲属关系称谓称呼社会关系中的对象）、昵称、俗称等；还有人将社会称谓三分为职业称谓语、通用称谓语和姓名称谓语。③造成这种现象的原因是分类标准不一致。本书认为可将社会称谓语分为：①通称，指一般不严格区分被称呼者的年龄、职业、身份等，在社交场合广泛使用的称谓语。②职业称，指与称谓对象的职业有关的称谓语。③姓名称，姓名是个人的符号和标记，虽然他经常被用作称谓，但它和一般的称谓语不同，它区别的是个体，而不是关系。④ ④拟亲属称谓语，指的是用亲属称谓语来称呼非亲属关系的人，是一种特殊的称谓语。⑤人称代词，汉语称

---

① 胡士云. 汉语亲属称谓研究 [D]. 广州：暨南大学，2001.
② 田惠刚. 中西人际称谓系统 [M]. 北京：外语教学与研究出版社，1998.
③ 陈玉珍. 汉法社会称谓语的对比研究 [D]. 济南：山东师范大学，2018.
④ 魏清. 汉泰称谓语比较研究 [D]. 南京：南京师范大学，2005.

谓语体系中的人称代词有你、我、他、她、你、你们、他们、她们、您、大家等，这些称谓语除了您以外，均不带有感情色彩。⑥零称谓，从语言学的角度来讲，在言语交际中不使用称谓语实际上也是一种称谓方式，其交际功能不可忽视。①

2.2.2 英语亲属称谓语的类型

现代英语经历了很多个世纪的发展，是从古英语、中古英语发展而来的，发展至今已有1500多年的历史。在英国的历史进程中，一些影响较大的历史事件对英语语言产生了很大的影响。中世纪之前，罗马文化随着基督教传入了英国，同时拉丁语的进入使得英语的词汇剧增；之后英法百年战争、资产阶级革命、文艺复兴、大英帝国的扩张等等，促使英国形成了与众不同的文化，也促进了英语的发展。语言从来都是社会文化的产物，英国历史与社会的变迁、文化的演进，以及英国的殖民扩张等使得英语成为最多国家使用的官方语言。目前，世界上大约有75个国家和地区将英语当作第一语言。在漫长的传播与发展过程中，英语与世界各地的语言与文化不断地融合，产生了多种变体，如英国英语、美国英语、澳洲英语、非洲英语、印度英语、远东英语等等。② 社会的变迁、民族的发展、历史的沉淀都会在语言词汇中留下痕迹。作为语言词汇的基本部分的称谓语也因民族的不同而不同，具有很强的民族性。

洪堡特认为"民族的语言即民族的精神，民族的精神即民族的语言"。英语亲属称谓语系统与其鲜明的民族性密切相关，体现了社会属性、民族心理、伦理道德等价值观念。英国在进入工业社会后，家庭结构的模式有了很大的变化，外延式的家庭结构模式开始消失，逐步形成了核心家庭（Nuclear family）模式。核心家庭指由一对夫妻及其子女组成，并且共同居住在同一屋檐下的家庭，与之相对的就是大家庭（Extended family）。③ 英语亲属称谓以核心家庭成员称谓"我（自己）、父母、儿子、女儿、兄弟姐妹"为核心亲属称谓，再按照辈分往外延伸，如图3所示。

---

① 李晓静. 现代社会称谓语的分类及使用情况分析［J］. 职大学报，2007（1）：72-75.
② 修文乔，戴卫平. 英语与英语社会文化研究［M］. 北京：中国出版集团，2015：15-142.
③ 李树新. 现代汉语称谓词与中国传统文化［J］. 内蒙古社会科学（文史哲版），1990（3）：118-121.

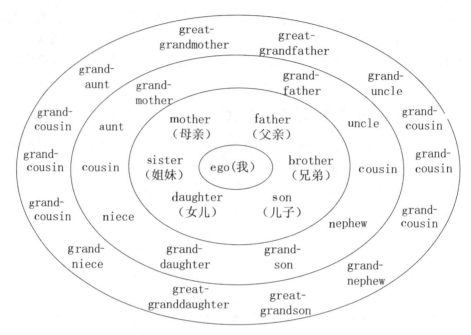

图3　英语的核心家庭称谓

英语国家的"核心家庭"是指由两代人组成的家庭，核心家庭的成员是夫妻两人及其未婚孩子。家庭规模小，家庭成员少，亲属关系简单，所以英语的亲属称谓语系统相对于汉语亲属称谓语系统来说简单多了。依据"核心家庭"和"非核心家庭"这两个概念，我们把英语亲属称谓语系统分成两类："核心亲属称谓语"和"非核心亲属称谓语"。核心亲属称谓语是指称呼"父、母、子、女、夫、妻、兄、弟、姐、妹"这些亲属关系的词语，非核心亲属称谓语是指除去核心亲属称谓语以外的亲属称谓语，如表2所示。

表2　英语核心亲属称谓和非核心亲属称谓

英语核心亲属称谓语	对应汉语亲属称谓语	英语非核心亲属称谓语	对应汉语亲属称谓语
father	父亲	grandfather	祖父、外祖父
mother	母亲	grandmother	祖母、外祖母
son	儿子	aunt	姑母、婶婶、姨母、舅母等
daughter	女儿	uncle	伯伯、叔叔、舅舅、姨父等
brother	哥哥、弟弟	father-in-law	岳父

续上表

英语核心亲属称谓语	对应汉语亲属称谓语	英语非核心亲属称谓语	对应汉语亲属称谓语
sister	姐姐、妹妹	mother-in-law	岳母
husband	丈夫	brother-in-law	姐夫、妹夫、内兄、内弟等
wife	妻子	sister-in-law	哥嫂、弟媳、嫂子等
		cousin	堂哥、堂姐、表哥、表姐 堂弟、堂妹、表弟、表妹
		son-in-law	女婿
		daughter-in-law	儿媳
		aunt	伯母、叔母、姨母、舅母
		nephew	侄子、外侄子
		niece	侄女、外侄女
		grandson	孙子、外孙子
		granddaughter	孙女、外孙女
		great-grandfather	曾祖父、外曾祖父
		great-grandmother	曾祖母、外曾祖母
		great great-grandfather	远祖父、外远祖父
		great great-grandfather	远祖母、外远祖母

从上表中，我们可以看到，英语核心亲属称谓不区分血亲和姻亲，父母亲的兄弟都称"uncle"，父母的姐妹以及父母兄弟的妻子都称"aunt"。一定要区分血亲和姻亲时，英语用后缀"-in-law"来表示姻亲。如"brother-in-law"，相当于汉语的"大伯子、小叔子、内兄、内弟、姐夫、妹夫"，"sister-in-law"表示与汉语相当的"大姑子、小姑子、大姨子、小姨子、嫂子、弟媳妇"。英语核心亲属称谓只涉及父母辈和子孙辈三代人的称谓，祖辈和祖辈以上和孙辈和孙辈以下用词缀"grand-""great great-"来表示。

2.2.3 汉英亲属称谓语分类的异同

亲属关系存在于每个社会中，人们通过血缘和婚姻关系以区分不同的亲属类别。亲属称谓语是用来指称不同的亲属类别的。亲属关系的分类主要是依据血缘、姻亲、辈分、直系、旁系、年龄、性别等因素，不同的民族，不同的社会有着不同的亲属关系分类法。中华民族经历了两千多年的宗法社会，形成了根深蒂固的宗法观念。宗法制度以男性为中心，即以父系、夫系亲属为主；中国的传统家庭模式就是以父系血缘为主，形成了几代同堂的父系大家庭，汉族人为了分清大家庭里不同的亲属关系，需要用不同的亲属称谓来称呼。英语国家大多不以农耕为主，而以工业和贸易为主，人们要不断地外出工作，亲属间不常见面联络，自然不需要太多的亲属称谓。

汉语亲属称谓系统和英语亲属称谓系统是两种完全不同的称谓系统。世界上任何民族都有亲属制度，同时产生与这种亲属制度相应的文化符号——亲属称谓。各民族语言中的亲属称谓都随着他们的亲属制度的不同而不同。汉民族历史悠久，几千年连续的封建统治使汉民族成为一个封建等级观念很强的民族，中国封建社会是封建宗法制社会，"家"和"国"都建立在宗族亲属制度基础上，宗族至上。由于等级和宗法观念，汉民族亲属制度具有内在的细密的多分性结构，这种多分性至少包含下列几条原则：直系与旁系的区别；血亲与姻亲的区别；父系与母系的区别；世辈的区别；同世辈中长幼的区别；性别的区别；近亲与远亲的区别；等等。依据上述原则进行区分，汉语的亲属称谓自然是名目繁多、复杂多样。比如以"兄弟"为例，汉语中就有各种亲属兄弟的称谓——亲兄弟、堂兄弟、表兄弟、姻兄弟、堂姨兄弟、堂舅表兄弟、从表兄弟、从祖兄弟、族兄弟等。① 汉民族的亲属制度结构复杂，体现这种亲属制度的汉语亲属称谓也纷繁复杂，由此可见，汉语亲属称谓系统具有高度的描述性。

因为英语民族以核心家庭为主，小家庭观念强，人们追求个性自由，讲究个人奋斗精神，亲属观念淡薄，亲属关系简单，亲属称谓亦简单。比如在英语中，"兄弟"的亲属称谓非常简单，"亲兄弟"不论长幼，用"brother"称谓，其他"堂兄弟、表兄弟、姻兄弟、堂姨兄弟、堂舅表兄弟、从表兄弟、从祖兄弟、族兄弟"等，通用"cousin"来称谓。

汉英不同的文化塑造了不同特点的亲属制度，塑造了各自不同的家庭模式，也塑造了完全不同的亲属称谓系统。汉语亲属称谓系统比英语亲属称谓

---

① http://blog.sina.com.cn/s/blog_621f22890100gdz4.html.

系统分类更加复杂精细，其称谓语的数量也远远超过了英语亲属称谓语，两种称谓系统中的称谓不能相互对应，存在称谓语的空缺。

2.2.3.1 相同点

从上述分析中，我们可以看出汉英亲属称谓语在分类上具有下面的相同点。

第一，汉英亲属称谓在分类上都体现核心亲属称谓。汉英亲属称谓分类都可以按照核心亲属称谓和非核心亲属称谓分类。汉语中核心亲属即直系血亲，如"父亲、母亲、儿子、女儿、丈夫、妻子、哥哥、弟弟、姐姐、妹妹"；英语民族以"核心家庭"为主，以父辈和子辈小家庭为主，核心亲属有"父亲、母亲、儿子、女儿、丈夫、妻子、兄弟、姐妹"。所以在汉英亲属称谓中都有一一相对应的核心亲属称谓，如 father（父亲）、mother（母亲）、son（儿子）、daughter（女儿）、husband（丈夫）、wife（妻子）、brother（哥哥、弟弟）、sister（姐姐、妹妹）。

第二，汉英核心亲属称谓在分类上都体现辈分。由于受宗法观念的影响，汉民族除了强调血亲与姻亲、直系与旁系之外，还特别遵守等级观念，非常注重辈分差异。在中国，血统上分为"九族"，即上有家族四代长辈，下有家族四代晚辈，包括自身"九族"的亲属关系，辈分序列为：高祖、曾祖、祖、父、本人、子、孙、曾孙、玄孙。英语的核心亲属称谓中对于父母辈与子女辈、儿孙辈三代以内是有区分的，但是不涉及三代以外的亲属，同辈中的长幼无区分。如汉语称谓中的"祖父、祖母、儿子、女儿、孙子、孙女"三代内的亲属在英语中有一一对应的称谓词"grandfather（祖父）、grandmother（祖母）、son（儿子）、daughter（女儿）、grandson（孙子）、granddaughter（孙女）"；但是三代以外的亲属，如"高祖、曾祖、曾孙、玄孙"，在英语中没有一一对应的称谓，英语中，用词缀"great great-"表示"高祖"，"great-"表示"曾祖"。

第三，汉英核心亲属称谓在分类上都体现性别。汉语核心亲属称谓都是按照性别成双成对出现的，如"父亲—母亲、儿子—女儿、哥哥—姐姐、弟弟—妹妹"等，在英语核心亲属称谓中，同样是按照性别成双成对地出现，如"father - mother（父亲—母亲）、son - daughter（儿子—女儿）、brother - sister（兄弟—姐妹）"。

2.2.3.2 不同点

从上述对比中，我们可以看出汉英亲属称谓语分类具有以下不同点。

第一，汉语的亲属称谓系统相当庞大且纷繁复杂，表现出高度的描述性，称谓系统类别多；而英语亲属称谓系统则笼统简单，表现出极强的概括性。汉民族的宗法观念强，以大家族为主，形成了复杂的亲属关系，因此亲属称谓繁多。英语民族以小家庭、核心家庭为主，亲属关系淡薄，表亲属关系的称谓语数量较少。

第二，汉语亲属称谓分类不仅区分血亲姻亲、父系母系，还分直系和旁系，对于同辈的长幼关系也体现得非常清楚，每位亲属成员都有相对应的称谓；而英语只重视核心家庭成员，不分血亲和姻亲、父系和母系、直系和旁系，虽有辈分区分，但同辈中不分长幼，只区分性别。

汉英亲属称谓语分类上的异同源于两个民族的文化习俗差异，我们在下个章节将详细陈述差异产生的成因。

第三章 汉英亲属称谓系统

第一节 汉英亲属称谓系统概观

社会人类学家摩尔根（L. H. Morgan）在《人类家族的血亲和姻亲制度》（1871）基础上撰写了《古代社会》（1877），书中他将亲属制度分为两类：第一，类别式，即"对亲属从不加以说明，而是把他们区分为若干范畴，不论其与自身的亲疏如何，凡属同一范畴的人即以同一亲属称谓统称之。例如，我的亲兄弟，与我父亲的兄弟之子，均称为我的兄弟；我的亲姐妹，与我母亲的姐妹之女，均称为我的姐妹"。第二，说明式，即"对于亲属，或用基本亲属称谓来说明，或将这些基本称谓结合起来加以说明，由此使每一个人与自身的亲属关系都各各不同。例如，其称谓有兄弟之子、父之兄弟、父之兄弟之子等"（摩尔根，1995：391）。① 类别式和说明式，也就是摩尔根提出的仍然被现代学者沿用的亲属制度的两种描述类型：描述制（descriptive system）和分类制（classification system）。美国人类学家默多克在上述基础上把人类诸多语言所反映的全部亲属称谓制度分成六种类型：爱斯基摩制、夏威夷制、易洛魁制、奥马哈制、克劳制和苏丹制等。

世界上有许多种亲属称谓系统，其中汉语亲属称谓系统和英语亲属称谓系统是两种完全不同的称谓系统，汉语亲属称谓系统属于苏丹亲属称谓制，而英语亲属称谓系统则属于爱斯基摩亲属称谓制。苏丹亲属称谓制也叫作描述制，是世界上最精确的一种亲属称谓制度，这种称谓制度对各种亲属关系区分特别严格，所有的直系亲属和旁系亲属都有一对一的称呼，绝不混同。② 如汉语中，"哥哥、姐姐、弟弟、妹妹"都有严格的区分；祖辈的父系和母系的亲属称呼也非常细腻，如"祖父、祖母、外祖父、外祖母"等，还有父亲的兄弟姐妹、母亲的兄弟姐妹以及他们的子女，都有一对一的称呼，比如"堂姐、堂兄、表姐、表兄"等等，没有含糊的称呼。而爱斯基摩亲属称谓制是一种直系称谓制，在这种称谓制中，直系和旁系分得清清楚楚，父亲、

---

① 摩尔根. 古代社会 [M]. 杨东莼，马雍，马巨，译. 北京：商务印书馆，1995.
② 严苡丹. 红楼梦亲属称谓语的英译研究 [M]. 上海：上海外语教育出版社，2012：65-67.

母亲直系亲属有单独的称谓，父亲和母亲的兄弟姐妹就没有区分了，混为一堂，统一称呼，它强调核心家庭在社会中的地位，强调父、母和兄弟姐妹，而不重视其他亲属。核心家庭内成员有对应的称呼，核心家庭之外的成员的称呼是概括性的，没有区分。汉语是典型的苏丹亲属称谓制，非常重视男性继嗣的重要性，因此汉语亲属称谓系统尤其是父系亲属称谓具有高度的描述性，繁杂丰富；而英语亲属称谓系统则明显地带有高度的概括性，概括笼统，父系与母系之间维持均衡的状态，英语称谓系统属于爱斯基摩亲属称谓制。

汉语亲属称谓系统具有高度的描述性。中国的封建社会是一个宗法等级分明的社会，人们聚族而居，同宗同姓的人们群居在一起，因此人们的宗法观念、亲属观念很强。宗法、家庭、伦理观念必然会反映在亲属的称谓上，自然而然，汉语的亲属称谓词语就十分丰富，老少长幼、血亲姻亲、正支旁支分得一清二楚。两千年前的《尔雅·释亲》记载了以自己为中心的高祖父母、曾祖父母、祖父母、父母、兄弟（姐妹）、子、孙、曾孙、玄孙九代直系亲属关系，另外还记载了父族、母族旁系亲属关系的相应称谓词语。几千年来中华民族的"九族五服制"成就了汉语称谓系统的描述制。它不仅包括由血缘关系衍生出来的血亲及其配偶系统，而且还有由婚姻关系发展来的姻亲及其配偶系统，除此之外，还严格区分父系、母系亲族，直系、旁系亲族，并有尊卑辈分和长幼顺序，繁杂丰富可见一斑。①

汉语亲属称谓是按辈分划分的，称谓系统中23个核心称谓词都分辈分，如"祖、孙、子、女、父、母、兄、弟、姐、妹、伯、叔、侄、甥、姑、舅、姨、岳、婿、夫、妻、嫂、媳"。同一辈分的亲属，长幼不同，其称谓也不同，比如，哥与弟、姐与妹、兄嫂与弟媳都不同。父系、母系的亲属称谓区别非常严格，如图5所示。

---

① 刘桂杰. 汉英文化比较及翻译探究［M］. 北京：中国水利水电出版社，2016：140-147.

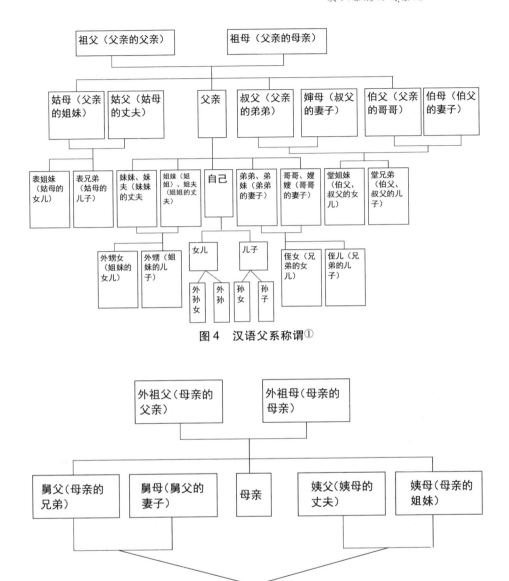

图 4　汉语父系称谓①

图 5　汉语母系称谓②

---

① 严苡丹.《红楼梦》亲属称谓语的英译研究 [D]. 上海：上海外国语大学，2011.
② 严苡丹.《红楼梦》亲属称谓语的英译研究 [D]. 上海：上海外国语大学，2011.

英民族（以英国为例）在进入工业社会后，家庭结构的模式有了很大的变化，外延式的家庭结构模式开始消失，逐步形成了核心家庭模式。英语亲属称谓以核心家庭成员关系为主，核心亲属称谓语是指称呼父、母、子、女、夫、妻、兄弟、姐妹这些亲属关系的词语，其他亲属分大类概括，称谓笼统，没有一对一的称谓，其称谓系统极具概括性。英语民族以核心家庭亲属关系为中心，家庭的核心关系是夫妻关系，丈夫和妻子在家庭中处于同等的地位，所以在英语亲属称谓中不存在父系和母系的区分。英语亲属称谓系统一般是以辈分，即以父辈对家庭成员进行分类，将血缘关系分为五种等级：父母、子女、祖父母、孙儿女、兄弟姐妹。这五种等级，是以"I"（我）为核心，将血亲关系划分为五个层次。

第一层次：grandfather，grandmother

第二层次：father，mother，uncle，aunt

第三层次：brother，sister，cousin

第四层次：son，daughter，nephew，niece

第五层次：grandson，granddaughter

在这五个层次中，祖父母、父母、兄弟姐妹、子女、孙儿女都有具体的对应的称谓，其他亲属就没有对应的称谓了。这五种等级当中，"grandfather，grandmother，grandson，cousin，nephew，niece"既可以指代父系亲属，也可以指代母系亲属，没有母系和父系之分，英语亲属称谓的同辈之间也没有长幼之分，比如：父亲用"father"，母亲用"mother"，但对父母的兄弟姐妹的子女统一称为"cousin"。"哥哥""弟弟"都用"brother"表示；英语亲属称谓里不标明是父系还是母系，比如，"伯伯、姑父、叔叔"都用"uncle"表示。总之，英语亲属称谓系统不标明是父系还是母系，也不标明是直系还是旁系，更不区分亲属的排列顺序，只是用辈分来标记亲属关系，如表3和图6所示。

表3　英语以辈分对家庭亲属的分类（五等级分类）

祖父母辈	父母辈	兄弟姐妹辈（平辈）	子女辈	孙儿孙女辈
自己的祖父母以及他们的兄弟姐妹，堂、表兄弟姐妹	自己的父亲和母亲以及他们的兄弟姐妹，堂、表兄弟姐妹	自己的兄弟姐妹以及堂、表兄弟姐妹	自己的儿女以及他们的堂、表兄弟姐妹	自己的孙子、孙女以及他们的堂、表兄弟姐妹

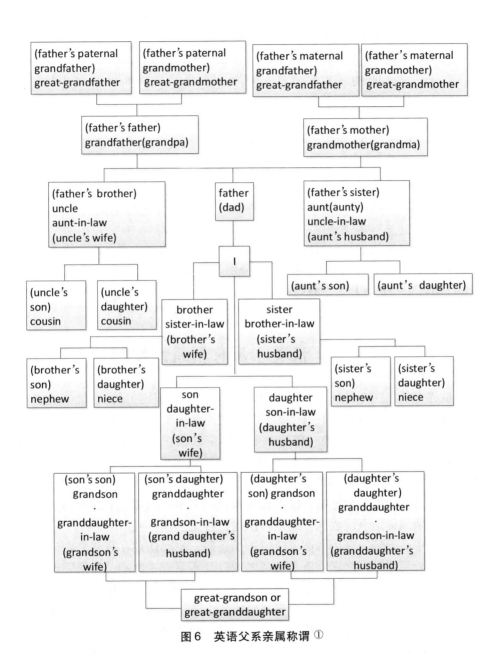

图 6　英语父系亲属称谓 ①

---

① 王新刚. 现代汉语、英语、日语亲属称谓对比研究 [D]. 广州：广州大学，2011.

美国人类学家 R. H. Lowie 将英语亲属称谓系统分为四类：①
A 型：二分旁系型（Bifurcate Collateral Type）
　　　F≠FB≠MB，M≠MS≠FS
　　　［F = father（父亲），M = mother（母亲），B = brother（兄弟），
　　　S = sister（姐妹）］
B 型：直系型（Lineal Type）
　　　F≠（FB = MB），M≠（MS = FS）
C 型：世辈型（Generation Type）
　　　F = FB = MB，M = MS = FS
D 型：二分合并型（Bifurcate Merging Type）
　　　（F = FB）≠MB　（M = MS）≠FS

上述的分类法，我们可以看到英语亲属称谓系统属于直系型，直系与旁系（F≠FB≠MB，M≠MS≠FS）的区分明显，但不区分旁系内部成员［F≠FB = MB，M≠MS = FS）。例如：英语中用"uncle"来统称"伯伯、叔叔、舅舅、姑父"，用"aunt"来统称"伯母、叔母、姨母"。

第二节　汉英亲属称谓系统比较

世界上任何一个民族都有自己的称谓系统，由于社会属性、价值观念不同，各国的称谓系统都具有自己的特色。中国是一个重视名分、宗法的"礼仪之邦"，拥有庞大、繁杂、琐细的亲属称谓系统，"重名分，讲人伦"的伦理观念与西方社会"人为本，名为用"的价值观念不同，使得汉英称谓系统存在巨大的反差，具体来讲，就是受到血缘关系、等级观念、家庭类型、文化取向、宗法类型的影响，汉英称谓系统有诸多不同点。下面我们首先将汉、英语亲属称谓系统放在一起进行描述、对比。

前文中已提到，汉语称谓系统属于描述制，主要体现在行辈之别、同辈长幼之别、父系母系之别、血亲姻亲之别以及直系旁系之别；英语称谓属于类分式，主要以父辈对家庭亲属进行分类，血缘关系只有五种等级，即父母、子女、祖父母、孙儿孙女、兄弟姐妹。由于汉语亲属称谓系统十分庞大且复杂，而英语亲属称谓系统相对简单，在对两种语言的亲属称谓系统进行描述和比较的过程中，为了尽量体现完整全面性，本节所描述的亲属范围，宗亲限上下九辈，外亲和妻亲各限上下三辈，并主要针对两个系统中的差别

---

① 赵钟淑. 汉韩亲属称谓语研究［D］. 济南：山东大学，2005.

所在进行比较；关于词汇方面，基于现代汉语书面语和现代英语书面语，为了便于体现差异性，个别涉及到的古代汉语亲属称谓语和中古英语称谓词汇。

为了直观地描述汉英亲属称谓系统的异同，本文以汉语亲属称谓系统特点为主要分类体系①，结合英语亲属称谓系统的特点，将汉英亲属称谓系统分为八个小系统，通过这八个小系统，用表格的形式对比描述汉英亲属称谓系统的差异。

3.2.1 汉英基本亲属称谓系统

汉英语基本亲属称谓系统包括祖辈、父辈、平辈、子辈、孙辈共五辈亲属，即"祖父母""父母""兄弟姐妹""儿女""孙子女"及其配偶等。父系亲属包括"祖父母""伯父""叔父"等，母系亲属包括"外祖父母""舅父""舅母""姨父""姨母"等，如表4所示。

表4　汉英基本亲属称谓

汉语	英语	汉语称谓词释义	汉语	英语	汉语称谓词释义
父亲	father	生养自己的男子	母亲	mother	生养自己的女子
兄	brother	同父母所生，年长于自己的男子	弟	brother	同父母所生，年幼于自己的男子
姐	sister	同父母所生，年长于自己的女子	妹	sister	同父母所生，年幼于自己的女子
儿子	son	自己生养的男子	女儿	daughter	自己生养的女子
丈夫	husband	女子的配偶	妻子	wife	男子的配偶
祖父	grandfather	父亲的父亲	祖母	grandmother	父亲的母亲
伯父	uncle	父亲的兄	伯母	aunt	伯父的妻子
叔父	uncle	父亲的弟	叔母	aunt	叔父的妻子
姑母	aunt	父亲的姐妹	姑父	uncle	姑母的丈夫
孙子	grandson	儿子的儿子	孙女	granddaughter	儿子的女儿

---

① 此分类体系参考了胡士云. 汉语亲属称谓研究［D］. 广州：暨南大学，2001.

续上表

汉语	英语	汉语称谓词释义	汉语	英语	汉语称谓词释义
外祖父	grandfather	母亲的父亲	外祖母	grandmother	母亲的母亲
舅父	uncle	母亲的兄弟	舅母	aunt	舅父的妻子
姨母	aunt	母亲的姐妹	姨父	uncle	姨母的丈夫

如上表所示,英语亲属称谓不分父系、母系。"叔父、姑父、舅父、姨父"都称作"uncle","叔母、姑母、舅母、姨母"都称作"aunt","祖父、外祖父"都称作"grandfather","祖母、外祖母"都称作"grandmother"。

3.2.2 汉英直系血亲称谓系统

依据《亲属称呼辞典》①,汉语直系血亲称谓记述了上至"高祖父",下至"曾孙"共九辈亲属的称谓,而英语的亲属称谓只包括五辈亲属,超出三辈的亲属称谓采用词缀加核心称谓来表达。详见表5、图7。

表5 直系血亲称谓

汉语	英语	汉语称谓词释义	汉语	英语	汉语称谓词释义
远祖	remote ancestor	辈分高于"高祖父"的祖先的总称	—	—	—
高祖父	great-great-grandfather	祖父的祖父	高祖母	great-great-grandmother	祖父的祖母
曾祖父	great-grandfather	父亲的祖父	曾祖母	great-grandmother	父亲的祖母
祖父	grandfather	父亲的父亲	祖母	grandmother	父亲的母亲
父亲	father	生养自己的男子	母亲	mother	生养自己的女子
儿子	son	自己生养的男子	儿媳	daughter-in-law	儿子的妻子
女儿	daughter	自己生养的女子	女婿	son-in-law	女儿的丈夫

---

① 鲍海涛,王安节. 亲属称呼辞典 [M]. 长春:吉林教育出版社,1988.

续上表

汉语	英语	汉语称谓词释义	汉语	英语	汉语称谓词释义
孙子	grandson	儿子的儿子	孙媳妇	granddaughter-in-law	孙子的妻子
孙女	granddaughter	儿子的女儿	孙女婿	grandson-in-law	孙女的丈夫
外孙	grandson	女儿的儿子	外孙媳	granddaughter-in-law	外孙的妻子
外孙女	granddaughter	女儿的女儿	外孙女婿	grandson-in-law	外孙女的丈夫
曾孙	great-grandson	儿子的孙子	曾孙媳	great-granddaughter-in-law	曾孙的妻子
曾孙女	great-granddaughter	儿子的孙女	曾孙女婿	great-grandson-in-law	曾孙女的丈夫
玄孙	great-great-grandson	孙子的孙子	玄孙媳	great-great-granddaughter-in-law	玄孙的妻子
玄孙女	great-great-granddaughter	孙子的孙女	玄孙女婿	great-great-grandson-in-law	玄孙女的丈夫
远孙	far-grandson	玄孙以下的子孙总称			

○ 汉英亲属称谓语对比研究 ○

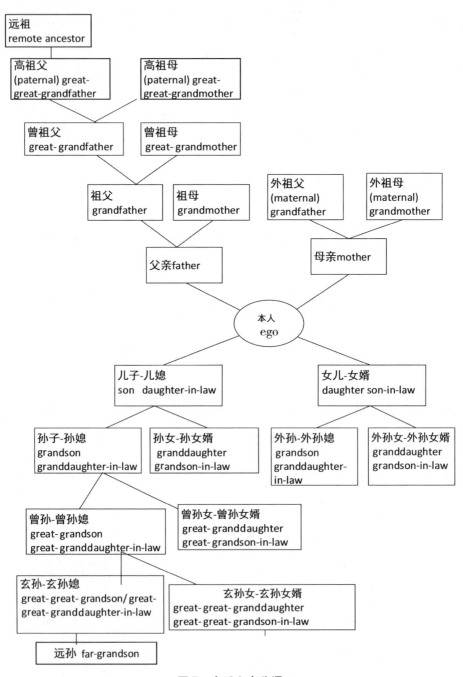

图7 直系血亲称谓

42

如图7所见，英语亲属称谓中的长幼辈分都非常简单，只有祖孙三代的称谓与汉语的相对应，即"grandfather, grandmother, father, mother, son, daughter, grandson, granddaughter"。要表达"曾祖、高祖、远祖"，或"曾孙、玄孙"等称谓时，只能用词缀"great-great-"与"grand-"重叠来表示，如："great-great-grandfather"（高祖父）。

3.2.3 汉英兄弟姐妹及其子孙称谓系统

汉语兄弟姐妹称谓有"兄""弟""姐""妹"及其配偶的称谓"嫂""弟媳""姐夫""妹夫"，其子孙称谓有"侄子""侄女""外甥""外甥女""侄孙""侄孙女"等。兄弟姐妹称谓中对于男女的称呼非常有考究。在汉语亲属称谓中，用"侄"称呼男性亲属，意味着他是本家族成员；而用"外"称呼女性亲属，则表明她是外家族成员，这里的"外"有"出"之意。英语兄弟姐妹称谓只分辈分。男性亲属统称"nephew"，女性亲属统称"niece"，辈分用词缀"grand-"来区分。如表6、图8所示。

表6　兄弟姐妹及其子孙称谓

汉语	英语	汉语称谓词释义	汉语	英语	汉语称谓词释义
兄	elder brother	同父母所生年长于自己的男子	嫂	sister-in-law	兄的妻子
弟	younger brother	同父母所生年幼于自己的男子	弟媳	sister-in-law	弟的妻子
姐	elder sister	同父母所生年长于自己的女子	姐夫	brother-in-law	姐的丈夫
妹	younger sister	同父母所生年幼于自己的女子	妹夫	brother-in-law	妹的丈夫
侄子	nephew	兄弟的儿子	侄媳	niece-in-law	侄子的妻子
侄女	niece	兄弟的女儿	侄女婿	nephew-in-law	侄女的丈夫
外甥	nephew	姐妹的儿子	外甥媳	niece-in-law	外甥的妻子
外甥女	niece	姐妹的女儿	外甥女婿	nephew-in-law	外甥女的丈夫
侄孙	grandnephew	兄弟的孙子	侄孙媳	grandniece-in-law	侄孙的妻子

续上表

汉语	英语	汉语称谓词释义	汉语	英语	汉语称谓词释义
侄孙女	grandniece	兄弟的孙女	侄孙女婿	grandnephew-in-law	侄孙女的丈夫
侄外孙	grandnephew	兄弟的外孙	侄外孙媳	grandniece-in-law	侄外孙的妻子
侄外孙女	grandniece	兄弟的外孙女	侄外孙女婿	grandnephew-in-law	侄外孙女的丈夫
外甥孙	grandnephew	姐妹的孙子	外甥孙媳	grandniece-in-law	外甥孙的妻子
外甥孙女	grandniece	姐妹的孙女	外甥孙女婿	grandnephew-in-law	外甥孙女的丈夫

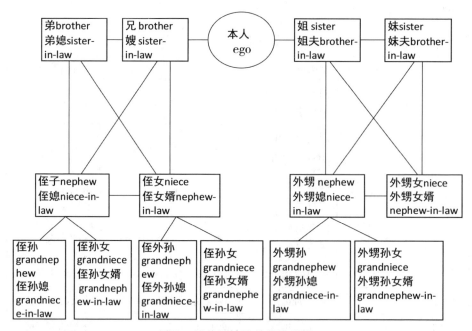

图8 兄弟姐妹及其子孙称谓

3.2.4 汉英父系兄弟姐妹及其子孙称谓系统

汉语中关于父系的兄弟姐妹及其子孙的称谓记述比较详细，包括世父、世母、叔父、叔母、姑等。对于姑母的子女、舅父的子女、姨母的子女，一般情况下都称其为"表"。而伯父的子女、叔父的子女，一般情况下都称其为"堂"。中国人习惯将这种亲属关系称作"姑表""姨表"。英语中父系的兄、弟、姐、妹及其子孙称谓系统仍然是一个比较简单的称谓系统，没有"堂"和"表"的关系区别。如表7、图9所示。

表7 父系兄弟姐妹及其子孙称谓

汉语	英语	汉语称谓释义	汉语	英语	汉语称谓释义
伯父	uncle	父亲的兄	伯母	aunt	伯父的妻子
叔父	uncle	父亲的弟	叔母	aunt	叔父的妻子
姑母	aunt	父亲的姐妹	姑父	uncle	姑母的丈夫
堂兄	cousin	叔父伯父所生年长于自己的男子	堂嫂	cousin-in-law	堂兄的妻子
堂弟	cousin	叔父伯父所生年幼于自己的男子	堂弟媳	cousin-in-law	堂弟的妻子
堂姐	cousin	叔父伯父所生年长于自己的女子	堂姐夫	cousin-in-law	堂姐的丈夫
堂妹	cousin	叔父伯父所生年幼于自己的男子	堂妹夫	cousin-in-law	堂妹的丈夫
姑表兄	cousin	姑母所生年长于自己的男子	姑表嫂	cousin-in-law	姑表兄的妻子
姑表弟	cousin	姑母所生年幼于自己的男子	姑表弟媳	cousin-in-law	姑表弟的妻子
姑表姐	cousin	姑母所生年长于自己的女子	姑表姐夫	cousin-in-law	姑表姐的丈夫
姑表妹	cousin	姑母所生年幼于自己的女子	姑表妹夫	cousin-in-law	姑表妹的丈夫
堂侄	nephew	堂兄弟的儿子	堂侄媳	niece-in-law	堂侄的妻子

续上表

汉语	英语	汉语称谓释义	汉语	英语	汉语称谓释义
堂侄女	niece	堂兄弟的女儿	堂侄女婿	nephew-in-law	堂侄女的丈夫
堂外甥	nephew	堂姐妹的儿子	堂外甥媳	niece-in-law	堂外甥的妻子
堂外甥女	niece	堂姐妹的女儿	堂外甥女婿	nephew-in-law	堂外甥女的丈夫
姑表侄	nephew	姑表兄弟的儿子	姑表侄媳	niece-in-law	姑表侄媳
姑表侄女	niece	姑表兄弟的女子	姑表侄女婿	nephew-in-law	姑表侄女婿
姑表外甥	nephew	姑表姐妹的儿子	姑表外甥媳	niece-in-law	姑表外甥媳
姑表外甥女	niece	姑表姐妹的女儿	姑表外甥女婿	nephew-in-law	姑表外甥女婿
堂侄孙	grandnephew	堂侄的儿子	堂侄孙媳	grandniece-in-law	堂侄孙媳
堂侄孙女	grandniece	堂侄的女儿	堂侄孙女婿	grandnephew-in-law	堂侄孙女婿
堂侄外孙	grandnephew	堂侄女的儿子	堂侄外孙媳	grandniece-in-law	堂侄外孙媳
堂侄外孙女	grandniece	堂侄女的女儿	堂侄外孙女婿	grandnephew-in-law	堂侄外孙女婿

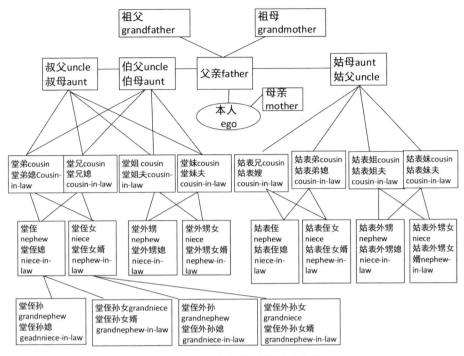

图9 父系兄弟姐妹及其子孙称谓

3.2.5 汉英母系兄弟姐妹及其子孙称谓系统

汉语母系的兄弟姐妹及其子孙称谓系统中,将"姑表"与"姨表"分开称呼,主要是出现在书面语中,实际生活中,面称时,我们统称为"表"。英语中有关母系的兄弟姐妹及其子孙称谓,是按辈分来称谓的。用"uncle""aunt"分别称呼男女长辈亲属,用"cousin"统称同辈的姑表兄弟姐妹,用"nephew"和"niece"统称晚辈的男女亲属,没有"姑表"与"姨表"之分。如表8、图10所示。

表8 母系兄弟姐妹及其子孙称谓

汉语	英语	汉语称谓释义	汉语	英语	汉语称谓释义
舅父	uncle	母亲的兄弟	舅母	aunt	舅父的妻子
姨母	aunt	母亲的姐妹	姨父	uncle	姨母的丈夫
姑表兄	cousin	舅父所生年长于自己的男子	姑表嫂	cousin-in-law	姑表兄的妻子

续上表

汉语	英语	汉语称谓释义	汉语	英语	汉语称谓释义
姑表弟	cousin	舅父所生年幼于自己的男子	姑表弟媳	cousin-in-law	姑表弟的妻子
姑表姐	cousin	舅父所生年长于自己的女子	姑表姐夫	cousin-in-law	姑表姐的丈夫
姑表妹	cousin	舅父所生年幼于自己的女子	姑表妹夫	cousin-in-law	姑表妹的丈夫
姨表兄	cousin	姨母所生年长于自己的男子	姨表嫂	cousin-in-law	姨表兄的妻子
姨表弟	cousin	姨母所生年幼于自己的男子	姨表弟媳	cousin-in-law	姨表弟的妻子
姨表姐	cousin	姨母所生年长于自己的女子	姨表姐夫	cousin-in-law	姨表姐的丈夫
姨表妹	cousin	姨母所生年幼于自己的女子	姨表妹夫	cousin-in-law	姨表妹的丈夫
姑表侄	nephew	姑表兄弟的儿子	姑表侄媳	niece-in-law	姑表侄的妻子
姑表侄女	niece	姑表兄弟的女儿	姑表侄女婿	nephew-in-law	姑表侄女的丈夫
姑表外甥	nephew	姑表姐妹的儿子	姑表外甥媳	niece-in-law	姑表外甥的妻子
姑表外甥女	niece	姑表姐妹的女儿	姑表外甥女婿	nephew-in-law	姑表外甥女的丈夫
姨表侄	nephew	姨表兄弟的儿子	姨表侄媳	niece-in-law	姨表侄的妻子
姨表侄女	niece	姨表兄弟的女儿	姨表侄女婿	nephew-in-law	姨表侄女的丈夫
姨表外甥	nephew	姨表姐妹的儿子	姨表外甥媳	niece-in-law	姨表外甥的妻子
姨表外甥女	niece	姨表姐妹的女儿	姨表外甥女婿	nephew-in-law	姨表外甥女的丈夫

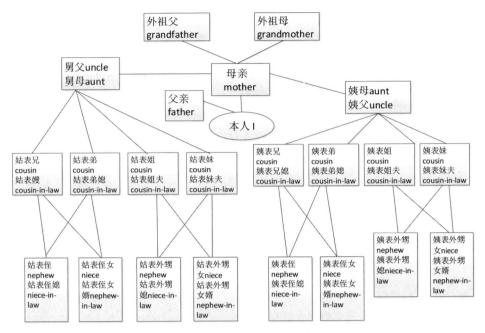

图 10　母系兄弟姐妹及其子孙称谓

3.2.6　汉英祖父之兄弟姐妹及其子孙称谓系统

《尔雅》中有记载"从祖祖父，从祖祖母（从祖王母），王姑，从祖父，从祖姑"等。祖父的兄弟姐妹及其子孙称谓系统也是很完善的，每位亲属都有相当准确且一一对应的称谓。而英语祖父的兄弟姐妹及其子孙称谓系统却相当简单，除了用词缀"grand-"表示祖辈分外，"uncle"统称男性长辈亲属，"aunt"统称女性长辈亲属；"cousin"表示平辈的表兄弟姐妹、堂兄弟姐妹，晚辈的男性亲属统称"nephew"，晚辈的女性亲属统称"niece"，姻亲关系用词后缀"-in-law"统称，如表9和图11所示。

表 9　祖父的兄弟姐妹及其子孙称谓

汉语	英语	汉语称谓释义	汉语	英语	汉语称谓释义
堂祖父	grand-uncle	祖父的兄弟，父亲的伯父、叔父	堂祖母	grandaunt	堂祖父的妻子
姑祖母	grandaunt	祖父的姐妹，父亲的姑母	姑祖父	granduncle	姑祖母的丈夫

49

续上表

汉语	英语	汉语称谓释义	汉语	英语	汉语称谓释义
堂伯父	uncle	父亲的堂兄	堂伯母	aunt	堂伯父的妻子
堂叔父	uncle	父亲的堂弟	堂叔母	aunt	堂叔父的妻子
堂姑母	aunt	父亲的堂姐妹	堂姑父	uncle	堂姑母的丈夫
姑表伯父	uncle	父亲的姑表兄	姑表伯母	aunt	姑表伯父的妻子
姑表叔父	uncle	父亲的姑表弟	姑表叔母	aunt	姑表叔父的妻子
姑表姑母	aunt	父亲的姑表姐妹	姑表姑父	uncle	姑表姑母的丈夫
堂叔伯兄	cousin	堂伯父、堂叔父所生年长于自己的男子，即同曾祖兄	堂叔伯嫂	cousin-in-law	堂叔伯兄的妻子
堂叔伯弟	cousin	堂伯父、堂叔父所生年幼于自己的男子，即同曾祖弟	堂叔伯弟媳	cousin-in-law	堂叔伯弟的妻子
堂叔伯姐	cousin	堂伯父、堂叔父所生年长于自己的女子，即同曾祖姐	堂叔伯姐夫	cousin-in-law	堂叔伯姐的丈夫
堂叔伯妹	cousin	堂伯父、堂叔父所生年幼于自己的女子，即同曾祖妹	堂叔伯妹夫	cousin-in-law	堂叔伯妹的丈夫
堂姑表兄	cousin	姑表伯父、姑表叔父所生年长于自己的男子	堂姑表嫂	cousin-in-law	堂姑表兄的妻子
堂姑表弟	cousin	姑表伯父、姑表叔父所生年幼于自己的男子	堂姑表弟媳	cousin-in-law	堂姑表弟的妻子
堂姑表姐	cousin	姑表伯父、姑表叔父所生年长于自己的女子	堂姑表姐夫	cousin-in-law	堂姑表姐的丈夫

续上表

汉语	英语	汉语称谓释义	汉语	英语	汉语称谓释义
堂姑表妹	cousin	姑表伯父、姑表叔父所生年幼于自己的女子	堂姑表妹夫	cousin-in-law	堂姑表妹的丈夫
堂姑表表兄	cousin	姑表姑母所生年长于自己的男子	堂姑表表嫂	cousin-in-law	堂姑表表兄的妻子
堂姑表表弟	cousin	姑表姑母所生年幼于自己的男子	堂姑表表弟媳	cousin-in-law	堂姑表表弟的妻子
堂姑表表姐	cousin	姑表姑母所生年长于自己的女子	堂姑表表姐夫	cousin-in-law	堂姑表表姐的丈夫
堂姑表表妹	cousin	姑表姑母所生年幼于自己的女子	堂姑表表妹夫	cousin-in-law	堂姑表表妹的丈夫
堂叔伯侄	nephew	堂叔伯兄弟的儿子	堂叔伯侄媳	niece-in-law	堂叔伯侄的妻子
堂叔伯侄女	niece	堂叔伯兄弟的女儿	堂叔伯侄女婿	nephew-in-law	堂叔伯侄女的丈夫
堂叔伯外甥	nephew	堂叔伯姐妹的儿子	堂叔伯外甥媳	niece-in-law	堂叔伯外甥的妻子
堂叔伯外甥女	niece	堂叔伯姐妹的女儿	堂叔伯外甥女婿	nephew-in-law	堂叔伯外甥女的丈夫
堂叔伯侄孙	grand-nephew	堂叔伯侄的儿子	堂叔伯侄孙媳	grandniece-in-law	堂叔伯侄孙的妻子
堂叔伯侄孙女	grand-niece	堂叔伯侄的女儿	堂叔伯侄孙女婿	grandnephew-in-law	堂叔伯侄孙女的丈夫
堂叔伯侄外孙	grand-nephew	堂叔伯侄女的儿子	堂叔伯侄外孙媳	grandniece-in-law	堂叔伯侄外孙的妻子
堂叔伯侄外孙女	grand-niece	堂叔伯侄女的女儿	堂叔伯侄外孙女婿	grandnephew-in-law	堂叔伯侄外孙女的丈夫

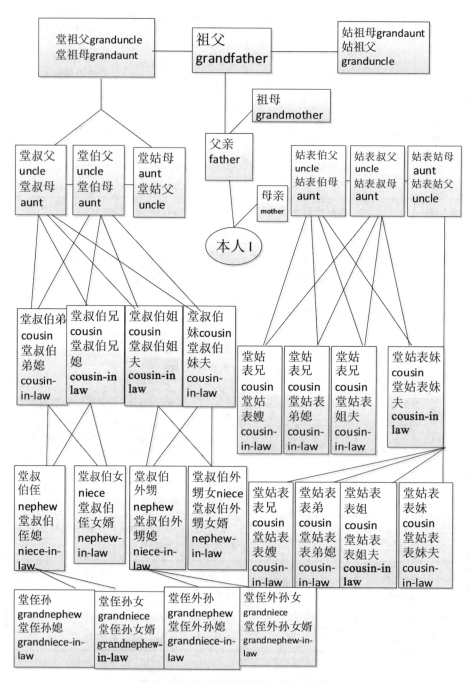

图 11　祖父的兄弟姐妹及其子孙称谓

3.2.7 汉英祖母之兄弟姐妹及其子孙称谓系统

汉语祖母的兄弟姐妹及其子孙称谓系统中，《亲属称呼词典》中只记载了"舅爷""舅奶""姨奶""姨爷"。现代汉语书面语中出现了很多关于祖母兄弟姐妹之间的称呼，归纳于下表。英语中有关祖母的兄弟姐妹及其子孙称谓，仍然是按辈分来称谓的。晚辈用"uncle""aunt"分别称呼男女长辈亲属，用"cousin"统称同辈的姑表兄弟姐妹，不分"姑表"与"姨表"，但有血亲、姻亲之分，姻亲用词后缀"-in-law"来称谓。如表10和图12所示。

表10 祖母的兄弟姐妹及其子孙称谓

汉语	英语	汉语称谓释义	汉语	英语	汉语称谓释义
舅祖父	granduncle	祖母的兄弟，即父亲的舅父	舅祖母	grandaunt	舅祖父的妻子
姨祖母	grandaunt	祖母的姐妹	姨祖父	granduncle	姨祖母的丈夫
姑表伯父	uncle	父亲的姑表兄	姑表伯母	aunt	姑表伯父的妻子
姑表叔父	uncle	父亲的姑表弟	姑表叔母	aunt	姑表叔父的妻子
姑表姑母	aunt	父亲的姑表姐妹	姑表姑父	uncle	姑表姑母的丈夫
姨表伯父	uncle	父亲的姨表兄	姑表伯母	aunt	姨表伯父的妻子
姨表叔父	uncle	父亲的姨表弟	姨表叔母	aunt	姨表叔父的妻子
姨表姑母	aunt	父亲的姨表姐妹	姨表姑父	uncle	姨表姑母的丈夫
堂姑表兄	cousin	姑表伯父、姑表叔父所生年长于自己的男子	堂姑表嫂	cousin-in-law	堂姑表兄的妻子
堂姑表弟	cousin	姑表伯父、姑表叔父所生年幼于自己的男子	堂姑表弟媳	cousin-in-law	堂姑表弟的妻子

续上表

汉语	英语	汉语称谓释义	汉语	英语	汉语称谓释义
堂姑表姐	cousin	姑表伯父、姑表叔父所生年长于自己的女子	堂姑表姐夫	cousin-in-law	堂姑表姐的丈夫
堂姑表妹	cousin	姑表伯父、姑表叔父所生年幼于自己的女子	堂姑表妹夫	cousin-in-law	堂姑表妹的丈夫
堂姑表表兄	cousin	姑表姑母所生年长于自己的男子	堂姑表表嫂	cousin-in-law	堂姑表表兄的妻子
堂姑表表弟	cousin	姑表姑母所生年幼于自己的男子	堂姑表表弟媳	cousin-in-law	堂姑表表弟的妻子
堂姑表表姐	cousin	姑表姑母所生年长于自己的女子	堂姑表表姐夫	cousin-in-law	堂姑表表姐的丈夫
堂姑表表妹	cousin	姑表姑母所生年幼于自己的女子	堂姑表表妹夫	cousin-in-law	堂姑表表妹的丈夫
堂姨表兄	cousin	姨表伯父、姨表叔父所生年长于自己的男子	堂姨表嫂	cousin-in-law	堂姨表兄的妻子
堂姨表弟	cousin	姨表伯父、姨表叔父所生年幼于自己的男子	堂姨表弟媳	cousin-in-law	堂姨表弟的妻子
堂姨表姐	cousin	姨表伯父、姨表叔父所生年长于自己的女子	堂姨表姐夫	cousin-in-law	堂姨表姐的丈夫
堂姨表妹	cousin	姨表伯父、姨表叔父所生年幼于自己的女子	堂姨表妹夫	cousin-in-law	堂姨表妹的丈夫
堂姨表表兄	cousin	姨表姑母所生年长于自己的男子	堂姨表表嫂	cousin-in-law	堂姨表表兄的妻子

续上表

汉语	英语	汉语称谓释义	汉语	英语	汉语称谓释义
堂姨表表弟	cousin	姨表姑母所生年幼于自己的男子	堂姨表表弟媳	cousin-in-law	堂姨表表弟的妻子
堂姨表表姐	cousin	姨表姑母所生年长于自己的女子	堂姨表表姐夫	cousin-in-law	堂姨表表姐的丈夫
堂姨表表妹	cousin	姨表姑母所生年幼于自己的女子	堂姨表表妹夫	cousin-in-law	堂姨表表妹的丈夫

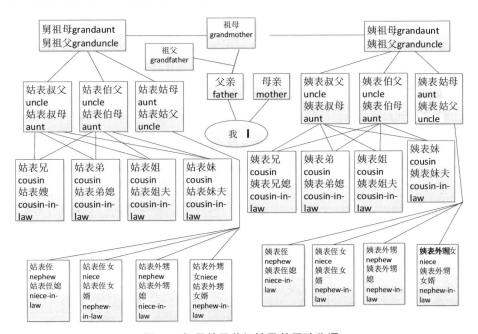

图 12　祖母的兄弟姐妹及其子孙称谓

3.2.8　汉英丈夫及其直系血亲称谓系统

《尔雅》《称谓录》中对于丈夫及其直系血亲称谓记录较少，《亲属称呼辞典》中记录得比较详细。汉语中有关丈夫及其直系血亲称谓大约有 46 个，而英语中相对应的丈夫及其直系血亲称谓只有 21 个，其中有几个是用词前缀和后缀来区分亲属关系的，如表 11 和图 13 所示。

表 11　丈夫及其直系血亲称谓

汉语	英语	汉语称谓释义	汉语	英语	汉语称谓释义
祖公公	grandfather	丈夫的祖父	祖婆婆	grandmother	丈夫的祖母
外祖公公	grandfather	丈夫的外祖父	外祖婆婆	grandmother	丈夫的外祖母
公公	father-in-law	丈夫的父亲	婆婆	mother-in-law	丈夫的母亲
伯公公	uncle	丈夫的伯父	伯婆婆	aunt-in-law	丈夫的伯母
叔公公	uncle	丈夫的叔父	婶婆婆	aunt-in-law	丈夫的叔母
姑婆婆	aunt	丈夫的姑母	姑公公	uncle-in-law	丈夫的姑父
舅公公	uncle	丈夫的舅父	舅婆婆	aunt-in-law	丈夫的舅母
姨婆婆	aunt	丈夫的姨母	姨公公	uncle-in-law	丈夫的姨父
丈夫	husband	女子的配偶			
大伯子	uncle	丈夫的兄	大伯嫂	aunt-in-law	丈夫的嫂
小叔子	uncle	丈夫的弟	小婶子	aunt-in-law	丈夫的弟媳
大姑子	cousin	丈夫的姐	大姑姐夫	cousin-in-law	丈夫的姐夫
小姑子	cousin	丈夫的妹	小姑妹夫	cousin-in-law	丈夫的妹夫
侄子	nephew	丈夫兄弟的儿子	侄媳	niece-in-law	丈夫兄弟的儿媳
侄女	niece	丈夫兄弟的女儿	侄女婿	nephew-in-law	丈夫兄弟的女婿
外甥	nephew	丈夫姐妹的儿子	外甥媳	niece-in-law	丈夫姐妹的儿媳
外甥女	niece	丈夫姐妹的女儿	外甥女婿	nephew-in-law	丈夫姐妹的女婿
侄孙	grandnephew	丈夫兄弟的孙子	侄孙媳	grandniece-in-law	丈夫兄弟的孙媳
侄孙女	grandniece	丈夫兄弟的孙女	侄孙女婿	grandnephew-in-law	丈夫兄弟的孙女婿

续上表

汉语	英语	汉语称谓释义	汉语	英语	汉语称谓释义
侄外孙	grandnephew	丈夫兄弟的外孙	侄外孙媳	grandniece-in-law	丈夫兄弟的外孙媳
侄外孙女	grandniece	丈夫兄弟的外孙女	侄外孙女婿	grandnephew-in-law	丈夫兄弟的外孙女婿
外甥孙	grandnephew	丈夫姐妹的外孙	外甥孙媳	grandniece-in-law	丈夫姐妹的外孙媳
外甥孙女	grandniece	丈夫姐妹的外孙女	外甥孙女婿	grandnephew-in-law	丈夫姐妹的外孙女婿

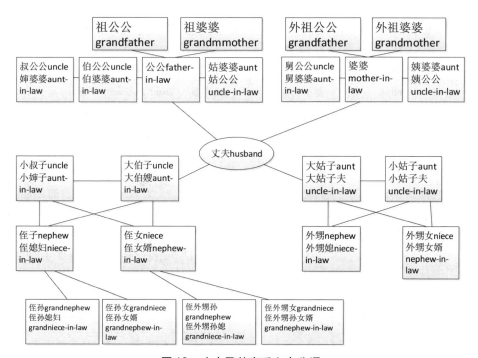

图 13　丈夫及其直系血亲称谓

3.2.9　汉英妻子及其直系血亲称谓系统

《尔雅》中对于妻子及其直系血亲称谓的记录较少，《称谓录》和《亲属称呼辞典》中记录得比较详细。汉语中有关妻子及其直系血亲称谓大约有42个，而英语中相对应的妻子及其直系血亲称谓只有21个，其中有几个也是用词前缀和后缀来表达的，如表 12 和图 14 所示。

表 12 妻子及其直系血亲称谓

汉语	英语	汉语称谓释义	汉语	英语	汉语称谓释义
岳祖父	grandfather	妻子的祖父	岳祖母	grandmother	妻子的祖母
岳外祖父	grandfather	妻子的外祖父	岳外祖母	grandmother	妻子的外祖母
岳父	father-in-law	妻子的父亲	岳母	mother-in-law	妻子的母亲
岳伯父	uncle	妻子的伯父	岳伯母	aunt-in-law	妻子的伯母
岳叔父	uncle	妻子的叔父	岳叔母	mother-in-law	妻子的叔母
岳姑母	aunt	妻子的姑母	岳姑父	uncle-in-law	妻子的姑父
岳舅父	uncle	妻子的舅父	岳舅母	aunt-in-law	妻子的舅母
岳姨母	aunt	妻子的姨母	岳姨父	uncle-in-law	妻子的姨父
妻子	wife	男子的配偶			
内兄	brother	妻子的兄	内嫂	sister-in-law	内兄的妻子
内弟	brother	妻子的弟	内弟媳	sister-in-law	内弟的妻子
内姐	sister	妻子的姐	襟兄	brother-in-law	内姐的丈夫
内妹	sister	妻子的妹	襟弟	brother-in-law	内妹的丈夫
内侄	nephew	内兄弟的儿子	内侄媳	niece-in-law	内侄的妻子
内侄女	niece	内兄弟的女儿	内侄女婿	nephew-in-law	内侄女的丈夫
内外甥	nephew	内姐妹的儿子	内外甥媳	niece-in-law	内外甥的妻子
内外甥女	niece	内姐妹的女儿	内外甥女婿	nephew-in-law	内外甥女的丈夫
内侄孙	grandnephew	内侄的儿子	内侄孙媳	grandniece-in-law	内侄孙的妻子
内侄孙女	grandniece	内侄的女儿	内侄孙女婿	grandnephew-in-law	内侄孙女的丈夫
内侄外孙	grandnephew	内侄女的儿子	内侄外孙媳	grandniece-in-law	内侄外孙的妻子
内侄外孙女	grandniece	内侄女的女儿	内侄外孙女婿	grandnephew-in-law	内侄外孙女的丈夫

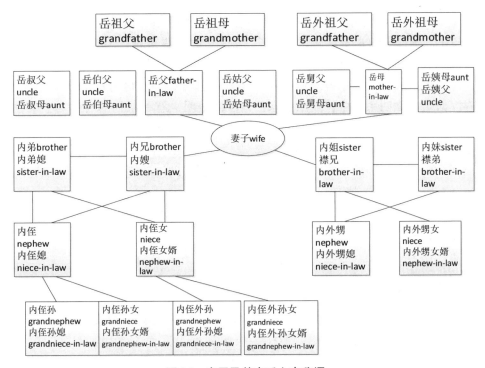

图14 妻子及其直系血亲称谓

第三节 汉英亲属称谓系统的差异

通过上节的对比描述，我们可以看出汉语亲属称谓数量庞大，构词方式复杂，但指称非常清晰。相对来讲，英语亲属称谓数量极少，构词方式简单，使用上远远没有汉语亲属称谓那样清晰，虽然使用范围广，但语用模糊。汉英亲属称谓的系统差异主要表现在以下几个方面。

3.3.1 血亲和姻亲的差异

汉语亲属称谓中，血亲（consanguinity）是指有血缘关系的亲属，主要指出同一祖先的亲属；血亲又分为直系血亲和旁系血亲两种。直系血亲是指有直系关系的亲属，如亲生父母、祖父母（外祖父母）等均为长辈直系血亲，亲生子女、孙子女、外孙子女等均为晚辈直系血亲，是与自己同一血缘的亲属；旁系血亲是指兄弟姐妹、伯伯、叔叔、姨母和侄、甥等这些平辈、长辈、晚辈亲属。姻亲是以婚姻关系为中介而产生的亲属，如伯母、叔母、姨夫、姑父等，汉语的血亲与姻亲称谓界限分明。英语亲属称谓中，也有表

59

血亲亲属关系的称谓，但血亲称谓不分直系和旁系，以性别区分，比如，"uncle"统称男性长辈亲属，"aunt"统称女性长辈亲属；"cousin"统称同辈的姑表堂亲兄弟姐妹，"nephew"和"niece"统称晚辈的男女亲属。

汉英亲属称谓语系统对血亲和姻亲都有区分，但在区分的方式上不同。在汉语亲属称谓系统中，血亲姻亲称谓泾渭分明，有一系列的专用词汇来表姻亲关系，比如：哥哥（血亲）—姐夫（姻亲），妹妹（血亲）—弟媳（姻亲），弟弟（血亲）—小舅子（姻亲）。而在英语中没有专用来表姻亲的称谓词，对姻亲的称谓形式只是在血亲称谓后面借助词后缀"-in-law"这种派生的方法来表达。比如"son-in-law（女婿）、daughter-in-law（儿媳）、father-in-law（岳父）、mother-in-law（岳母）"等。英语民族认为，姻亲关系是建立在法律认可基础上的，表姻亲的后缀"-in-law"中"law"就是"法律"之意。

3.3.2 宗族内外的差异

汉语亲属称谓系统深受封建宗法制度的影响，亲属称谓系统中有宗亲、外亲和妻亲之区分。宗亲指同源于一个祖先的男系血亲，如高祖父、曾祖父、孙、玄孙等；还包括旁系（男性）宗亲，即族曾祖父、族祖、族兄弟、从祖、从父、从祖兄弟、亲兄弟、伯父、叔父、兄子弟子、从子、族子、族孙等；还包括本宗男系血亲的配偶，即嫁入本家的女性，如曾祖母、祖母、母、儿媳等；也包括本宗未出嫁的女性等。此外，汉语中的宗亲称谓还有"爷爷、奶奶、侄儿、侄女、孙子、孙女"等。汉语亲属称谓系统在分类上脉系分明，比如，称谓直系血亲的长辈，用"曾"来表达，"曾祖父、曾祖母"；称谓直系血亲的同辈，用"堂"来表达，"堂哥、堂弟、堂姐、堂妹"等。

中华民族在古代是以父系亲族聚居的，以一位男性为中心，其配偶与他们的子女、孙子女、曾孙子女乃至玄孙子女，包括子女的配偶们、孙子女的配偶们等共同生活在一起，构成一个大家族，父系亲属几代同堂，这种居住习俗导致人们以居住关系来判断亲属关系，为了区分直系和旁系，采用"堂"来表示同一祖先的旁系亲属关系。因为是以父系亲族聚居的，女性出嫁后，便要离开出生时的家族，随夫家居住，属于"外族"，为了区分这种不居住在一起的亲属关系，汉语中用"外、表"来区分宗族之外的亲属。也就是在旁系亲属称谓中，人们会在称谓前加上"外"和"表"以作区分，如"外曾祖父、外祖父、外祖母、外甥女、外孙、外孙女、表哥、表姐、表弟"等。

英语亲属称谓语中没有宗族内外的概念，英语民族人们认为，祖父和外祖父、祖母与外祖母都是祖辈，不需要分清是父系血亲还是母系血亲，他们都称为"grandfather（祖父或外祖父）"或"grandmother（祖母或外祖母）"。

3.3.3 长幼和辈分的差异

汉语亲属称谓系统深受封建宗法制度的影响，同时也受儒家"礼"教的影响和"三纲五常"等伦理道德观念的影响。中国的传统文化中，长幼有序，是指年长者和年幼者之间分先后尊卑，语言之中蕴含着文化，所以在称谓语中，年长的人与年幼的人要区分称谓，称谓要体现长幼先后，人们必须根据亲属的辈分和年龄来选择相对应的称谓。因此汉语亲属称谓语中长幼、辈分区分明显，且规定十分严格。比如，比父亲年长的长辈要称为"伯伯"，比父亲年轻的长辈要称为"叔叔"。汉语亲属称谓中，家庭成员和亲戚中与自己同辈的亲属，也要根据他们年龄的不同进行排行称谓，于是家庭中有"大姐、二姐、二哥、三哥"等称谓。

英语亲属称谓虽然有辈分之分，却不分长幼，不分年龄，非常简单。例如：家庭中同辈男性通称为"brother"，同辈女性通称为"sister"，年长的男性通称为"uncle"，年长的女性通称为"aunt"。在两代亲属之间相互称呼时，汉语重辈分，在称谓同辈时，汉语又重年龄、重长幼。在中国，辈分低的人不允许对一个比自己辈分高的亲戚直呼其名，即使同一辈分的人，也不能对年长者直呼其名。辈分高的人可以对辈分低的人直呼姓名，年长的人可以对年幼的人直呼姓名。在英语国家，人们不注重长幼关系，与习俗有关，对直系的亲人（父母、爷爷奶奶、外公外婆）会用"father""mother""grandfather""grandmother"来称呼，以示尊重，有时也直接称呼其名，以示关系亲密。英语中特殊情况要区别长幼时，也是借助前缀修饰成分"elder""younger"来表示。

第四节　汉英亲属称谓系统差异的原因

美国语言学教授萨皮尔（Edward Sapir）曾经说，"语言的背后是有东西的。并且，语言不能离开文化而存在。所谓文化就是社会遗传下来的习惯和信仰的总和，由它可以决定我们的生活组织"。①

中华民族五千年的历史文化积淀，形成了独特的汉语亲属称谓体系，汉

---

① 罗常培. 语言与文化 [M]. 长春：吉林出版集团股份有限公司，2017：5.

语中有庞大精确的称谓词来描述不同的亲属关系,精确且具有对应性。任何一个亲属,不论直系还是旁系,父系还是母系,血亲还是姻亲,年长还是年幼,都有一个唯一的称谓词来指称这个唯一的亲属关系。比如,"舅妈"称谓表示的亲属关系是:女性,长辈,母系亲属,年长于自己。相比之下英语亲属称谓系统笼统且具有模糊性。英语亲属称谓没有长幼之分,没有血亲姻亲之分,不区分宗族内外。比如,"brother"对应"哥哥、弟弟","sister"对应"姐姐、妹妹","uncle"对应"伯父、叔父、舅父、姑父、姨父","cousin"对应"堂兄、堂弟、堂姐、堂妹、表哥、表弟、表姐、表妹"等所有同辈分的亲属,造成汉英称谓系统差异的原因主要是汉英民族社会性质的差异、文化差异以及价值取向的不同。

3.4.1 社会性质的不同

中国地处大陆,长期以来形成了相对封闭的文化。这种生活环境使得人们只能靠土地为生,发展以农耕为主的经济。在长期的自给自足的劳动生活中,人们互帮互助,有血缘或姻亲关系的亲属居住在一起,逐步组成了几代同堂的大家庭(extended family),形成了以血缘关系为基础的宗法社会组织。社会组织的基本单元是大家庭,大家庭中亲属关系复杂,需要详细的亲属称谓来进行交流沟通,因此形成了庞大而精细的汉语亲属称谓系统。封建时期的中国社会是个专制社会,专制政治结构的基本特征是"家国同构",家族族长通过血缘亲情来巩固自己的权力,皇帝把家族和国家融为一体,通过治理家庭来治理天下,同样通过血缘亲情来巩固自己的权力,因此宗法血缘关系就成为了社会政治关系的基础。[①] 宗族观念是形成汉语亲属称谓语独特体系的主要因素。

使用英语的各个民族国家很早就进入了资本主义社会,工业革命和文艺复兴给西方人带来了个人主义和平等主义的观念,这些观念成为了社会的主导思想。在贸易的过程中,人们以平等的身份自由地生活在一起,并制定法律以保证个人的权利。因此,在海外进行贸易的英民族很早就摆脱了血缘纽带,发展了以契约关系为基础的社会组织,提倡民主平等,人们形成了以自我为中心,强调人人平等的观念,这种社会制度和思想观念体现在称谓上也就是不区分宗亲内外,不注重上下辈分和长幼的区别。英语亲属称谓语中"cousin"一词就最能体现这一点。"cousin"涵盖了所有平辈之间的亲属关

---

① 张丽华,罗毅. 汉英亲属称谓的深层文化内涵比较[J]. 四川师范学院学报(哲学社会科学版),2002 (5):136 – 139.

系，它对应汉语亲属称谓语中"堂兄、堂弟、表兄、表弟、堂姐、堂妹、表姐、表妹"八个亲属称谓，没有长幼之别、内外之别、性别之分。同时，英民族的商业经济模式决定了核心家庭（nuclear family）的家庭结构模式。核心家庭中只有两代人生活在一起，即父母辈和子女。家庭成员少，且不与家族亲戚一起生活，亲属关系简单，亲属之间的称谓也随之简单，仅仅需要几个称谓就能进行交际沟通，这也是英语亲属称谓数量极少的主要原因。

3.4.2 宗族观念的不同

中华民族经历了几千年封建社会的洗礼，汉民族的宗族观念、血亲等级观念根深蒂固，人们推崇封建大家庭的结构形式，并强调宗族血缘关系。自古以来，亲属关系就分为血亲和姻亲。血亲是指有血缘关系的亲属，姻亲是指由婚姻关系结成的亲戚。① 在汉语亲属称谓中，血亲称谓和姻亲称谓界线分明，兄弟连襟、姐妹妯娌、伯叔姑婶严格区分，比如：伯父、叔父、舅父、姑母、姨母是血亲；姑父、姨父、伯母、舅母是姻亲。中国传统社会是一个父权社会，强调男主女从、男尊女卑。孟子认为：父子之间有骨肉之亲，君臣之间有礼义之道，夫妻之间挚爱而又内外有别，同辈之间有长幼尊卑之序，朋友之间有诚信之德。人伦中的双方都要遵守一定的"规矩"。男尊女卑的传统思想体现在汉语亲属称谓系统中，就是严格区分亲属的性别，比如"舅舅""舅妈""表姐""表哥"等；按照传统的宗法关系，父系亲属比母系亲属要重要些，父亲的亲属为"内"，母亲的亲属属旁系，非宗亲，为"外"，如"外祖父""外祖母""外孙女""外孙""外甥"等。

英民族等西方国家受到基督教的影响，强调平等自由。人人平等的观念使得西方人的人际关系是平等均衡的，亲属间的关系也是平等的，摆脱了血缘关系的束缚，没有血亲、姻亲差别，也没有"内""外"之分，父系、母系，男性、女性称谓词几乎没有区别。

17世纪的英国资产阶级革命后，建立了君主立宪制和法制体系，因此英语亲属称谓中开始采用与法律相关的词缀"-in-law"来表示姻亲亲属关系，出现了"father-in-law"（岳父）、"mother-in-law"（岳母）、"brother-in-law"（姐夫或妹夫）和"sister-in-law"（嫂子或弟媳），家族称谓中还是没有"内""外"之别，体现的是法律上的平等而不是中国式的血缘关系、宗族观念。

---

① 黎昌抱. 汉英亲属称谓词国俗差异研究[J]. 台州师专学报，1999,8（4）：75-87.

3.4.3 等级观念的不同

中国几千年的封建社会产生了严格的社会等级制。中国传统社会是以纵式结构组织的，家族聚居，世代同堂，而且每个家庭都要遵守"长幼有序""长尊幼卑"的国俗。① 每个人的身份都按社会等级严格区分，同样在家庭结构中也有严格的等级，父亲是家庭中等级最高的人，所以父系的亲属就比母系的重要，直系亲属与旁系亲属界线分明。中国古代《尚书》中出现了"九族"的概念，"九族"即以自己为本位，上至高祖、曾祖、祖、父，下至子、孙、曾孙、玄孙，合称"九族"。"九族"概念形成了汉语亲属称谓语庞大复杂、长幼有序的血缘关系，这种血缘关系体现在亲属称谓语中即表现为"长幼有序，尊卑有别"，这是汉语亲属称谓语独特的行辈之别。汉语亲属称谓语中有 23 个核心称谓词，即祖、孙、父、母、子、女、兄、弟、姊、妹、伯、叔、侄、甥、姑、舅、姨、岳、婿、夫、妻、嫂、媳。② 这 23 个核心称谓词都体现了辈分关系。汉语亲属称谓语中父亲的亲属就有"祖父""祖母""伯父""叔父""孙女""孙子""堂哥""堂弟""堂妹""堂姐"等称谓。同辈分间也区分长幼，比如：父亲的兄弟有按照年龄大小区分的各种称谓，年长于父亲的称为"伯父"，又可细分为"大伯""二伯""三伯"等，年幼于父亲的称为"叔父"，有"大叔""二叔""三叔"等。

美英等西方国家早早就进入了资本主义社会，人们信仰"人生来就是平等的"。主张平等和个性自由使得西方人人际交流以个人和彼此平等的身份进行。西方文化中，年长并不代表有优越性。这种观念使得英语的亲属称谓语简单笼统，没有刻意区分年龄、性别、父系和母系亲属以及辈分。例如，英语中的"uncle"一词囊括了中文的"伯伯、大伯、二伯、叔叔、大叔、二叔"等称谓。

3.4.4 集体主义与个人主义

中国人强调集体主义的价值观，以群体为本，强调人际关系的和谐，推崇集体的力量和作用，即强调集体主义，不突出个人。具备这种价值观的人们会认为个人的利益应该服从集体的利益，即集体的利益大于个人的利益，个人的利益、价值等都是通过集体的利益、价值体现出来的。这种集体主义的价值观表现在汉语亲属称谓系统中，就是以大家庭为本，大家庭亲属成员

---

① 刘桂杰. 汉英文化比较及翻译探究 [M]. 北京：中国水利水电出版社，2016：143.
② 周荐. 汉语词汇结构论 [M]. 上海：上海辞书出版社，2004.

要和谐相处，其相互间的称谓是非常重要的，要相互尊敬，所以大家庭这个集体中的称谓语是严格区分长幼、辈分、亲疏和等级的。例如，汉语亲属称谓非常讲究亲疏关系，称谓系统按照直系、旁系区分，直系亲属称谓前冠以"堂"，父系的同辈兄弟姐妹称为"堂哥、堂姐、堂弟、堂妹"；而旁系亲属、母系的同辈兄弟姐妹称谓前用"表"标明，称为"表哥、表姐、表弟、表妹"等。

使用英语的各个民族其价值体系的价值观念是个人主义的价值观，个人主义价值观强调的是自我价值的实现，倡导的是独立民主、平等自由的思想。英美人在价值取向上注重个人主义，强调独立的人格、个性。所以亲属观念薄弱，表现在英语亲属称谓中就是没有长幼、性别、亲疏之别。比如，"brother"既可称呼直系的亲兄弟，又可称呼旁系的表兄弟、堂兄弟。

综上所述，汉英称谓系统差异的原因主要来自汉英民族社会性质的差异、宗族观念和等级观念的不同以及价值取向的不同。

第四章 汉英亲属称谓的构词和词义

"语义研究是语言学研究的中心内容。"[①] 语义学研究的目的在于找出语义表达的规律性、内在解释,不同语言在语义表达方面的个性以及共性。现代语言学的语义学可以分为结构主义的语义学研究和生成语言学的语义学研究。结构主义语义学是由20世纪上半叶以美国为主的结构主义语言学发展而来的,研究的内容主要在于词汇的意义和结构,比如说义素分析、语义场、词义之间的结构关系等。早期研究亲属称谓词的语言学家,他们所使用的研究方法就是语义成分分析。[②]

"亲属关系"曾是著名的语言学家利奇(Leech)研究"普遍语言学"时采用的研究实例之一,亲属称谓是反映人们之间亲属关系的语言符号体系。本章节分析汉英亲属称谓的词义、构词法以及语用分析,力图通过比较分析,找出汉英亲属称谓词在构词、语义上的共同点与差异。

汉语亲属称谓系统词汇丰富,英语亲属称谓系统相对来说词汇简洁,我们用语义成分分析法来对比汉英两种不同的语言的亲属称谓词汇系统,通过比较分析两种语言的基层结构,挖掘汉英亲属称谓系统中普遍现象的共同核心部分,希望对语言教学、语际翻译有所助益。

第一节 汉英亲属称谓的构词特征

语素是最小的音义结合定型的构词单位,词的构词分析主要从语素的构成和语素的组合关系来分析。

4.1.1 汉语亲属称谓的构词特征

汉语亲属称谓系统的词汇非常丰富。根据语素的数量多少,可以分为单纯词和合成词两类。

[①] 束定芳. 我国的语义学研究与教学 [J]. 外语研究, 1998 (3): 12 – 13.
[②] 赵钟淑. 近二十年汉语亲属词的概念结构研究综述 [J]. 山东教育学院学报, 2008 (2): 77 – 79.

4.1.1.1 单纯词

是指由一个语素构成的词，根据语素音节的多少，又分为单音节单纯词和多音节单纯词。例如：

（1）单音节单纯词：爸、妈、叔、舅、姑、姨、婶、哥、弟、姐、妹、儿等。

（2）双音节单纯词：姥姥、奶奶、爷爷等。

4.1.1.2 合成词

合成词是指由两个或两个以上语素构成的词。根据汉语词汇构成方式，又可分为：

（1）联合式：父母、父子、父女、母子、母女、子女、兄弟、姐妹、祖孙、夫妻等。

（2）偏正式：祖父、祖母、外祖父、外祖母、外公、外婆、父亲、母亲、伯父、叔父、舅父、姑父、姨父、姑母、姑妈、姨母、姨妈、伯母、大妈、舅母、舅妈、堂兄、堂哥、表兄、表哥、堂弟、表弟、内弟、堂姐、表姐、堂妹、表妹、姐夫、妹夫、弟妹、外甥、外甥女、孙女、侄女、外孙、令尊、令堂、令慈、令兄、令弟、令郎、令侄、尊公、尊堂、尊夫人、家父、家母、家兄、舍弟、舍妹、舍侄、愚兄、愚嫂、小弟、小儿、小女、小婿、犬子等。

（3）重叠式：爷爷、奶奶、爸爸、妈妈、哥哥、姐姐、弟弟、妹妹、伯伯、姑姑、舅舅等。

4.1.1.3 附加词

是指由词根词素和词缀词素相组合构成的词。又可分为：

（1）前缀式：老公、老婆、阿婆、阿伯等。

（2）后缀式：嫂子、婶子、侄子、孙子、妹子、儿子等。

从上述分类中，我们可以归纳出：在汉语亲属称谓中，亲属称谓的构词方式是采用词根单用或重叠或加词缀的方式构成的，数量最多的是由修饰性成分加中心语构成的偏正式结构的称谓词。胡士云《汉语亲属称谓研究》中提出，用来作修饰成分的语素有160个，其中表示辈分的25个，表示宗法宗族的39个，表示血缘关系远近的29个，表示长幼排行的11个，表示嫡庶的7个，表示先后的9个，表示谦称的13个，表示尊称的13个，表示死亡的7个，表示皇家关系的7个；用来作中心称谓的语素有66个，其中用于长辈称谓的29个，用于表示夫妻关系的12个，用于平辈称谓的9个，用于晚辈称谓的 16 个。① 冯马骥的《中国亲属称谓语指南》中提出，汉语核心亲属称谓语素共 24 个，包括"祖、岳、父、伯、母、姑、叔、婶、姨、舅、兄、弟、姐、妹、夫、妻、嫂、媳、女、子、婿、侄、甥、孙"。其中表示男性的有 13 个，即"祖、孙、父、子、兄、弟、夫、婿、伯、叔、舅、甥"；表示女性的有 10 个，即"母、女、姐、妹、妻、媳、姑、婶、嫂、姨"；有 1 个是中性的，即"岳"；有 7 个表示婚姻关系，即，"岳、夫、妻、婿、婶、嫂、媳"；表示父系的称谓语素有 14 个；表示直系血亲关系的有 9 个，表示旁系血亲与姻亲关系的有 15 个。②

由此可见，汉语的亲属称谓是以中心语素，即核心亲属称谓语素为中心，通过加修饰成分的方式来构成表示各种亲属关系的称谓系统词汇，同时，核心称谓语素可以反映汉民族的宗族关系、男尊女卑的思想、内外有别的观念。为了便于与英语亲属称谓构词比较，我们按照冯马骥先生的构词法，将汉语亲属称谓词汇中的核心亲属称谓语素（同时也是英语亲属称谓系统中的核心亲属词）以及修饰成分语素以表格的方式梳理如下。

4.1.1.4 汉语核心亲属称谓语素

汉语核心亲属称谓语素，详见表 13。

表 13 汉语核心亲属称谓语素

核心称谓语素	中文释义	性别		直系		旁系	姻系	亲疏关系	
		男	女	父系	母系			内	外
父	自己的父亲	+	−	+	−	−	−	+	−
伯	父亲的哥哥	+	−	+	−	−	−	+	−
母	自己的母亲	−	+	−	+	−	−	−	+
姑	父亲的姐妹	−	+	−	−	+	−	−	+
叔	父亲的弟弟	+	−	+	−	−	−	+	−
姨	母亲的姐妹	−	+	−	−	+	−	−	+
婶	叔叔的妻子	−	+	−	−	−	+	−	−
舅	母亲的兄弟	+	−	−	−	+	−	−	+
兄	兄弟中的年长者	+	−	−	+	−	−	+	−
弟	兄弟中的年幼者	+	−	−	+	−	−	+	−

---

① 胡士云. 汉语亲属称谓研究 [D]. 广州：暨南大学，2001.
② 冯马骥. 中国亲属称谓指南 [M]. 上海：上海文艺出版社，1989.

续上表

核心称谓语素	中文释义	性别 男	性别 女	直系 父系	直系 母系	姻系	亲疏关系 内	亲疏关系 外
姐	姐妹中的年长者	-	+	+	-	-	-	+
妹	姐妹中的年幼者	-	+	+	-	-	-	+
夫	女子的配偶	+	-	-	-	+	-	+
妻	男子的配偶	-	+	-	-	+	-	+
嫂	哥哥的妻子	-	+	-	-	+	-	+
媳	儿子的配偶	-	+	-	-	+	-	+
女	女儿、下辈、女性	-	+	-	-	-	+	-
子	儿子、下辈、男性	+	-	-	-	-	+	-
婿	女儿、下辈女性的丈夫	+	-	-	-	+	-	+
侄	兄弟的儿子	+	-	+	-	-	+	-
甥	姐妹的儿子	+	-	-	+	-	-	+

注：+表示肯定，-表示否定。

4.1.1.5 汉语亲属称谓语的基本修饰语

偏正式亲属称谓的修饰成分的语素可以分为三大类，即表示宗族关系、血缘关系的修饰性语素（详见表14），表示辈分、长幼的修饰性语素（见表15）、表示嫡庶和与再婚有关的修饰语（表16）及表示尊称和谦称的修饰性语素（表17）。

表14 表示宗族关系、血缘关系的修饰性语素

修饰语素	语素位置	汉语释义	例子
亲	用于核心称谓词前	同一父母生养的孩子，或不同父母生养的但与配偶有直系血亲关系的修饰语	亲爸、亲妈、亲姐、亲弟、亲姨妈、亲舅、亲嫂子等
堂	用于核心称谓词前	父亲的兄弟以及他们的子女的修饰语	堂兄、堂弟、堂姐、堂妹、堂叔等
表	用于核心称谓词前	父亲的姐妹，以及母亲同辈兄弟姐妹的子女的修饰语	表哥、表弟、表姐、表妹、表侄女等
内	用于核心称谓词前	称妻子或妻子的亲属	内兄、内弟、内子等
外	用于核心称谓词前	称母亲、姐妹或女儿方面的亲属	外祖父、外祖母、外孙女、外孙子等

表 15 表示辈分、长幼的修饰性语素

修饰语素	语素位置	汉语释义	例子
高	用于核心称谓词前	第四代上辈亲属的修饰语	高祖、高祖父、高祖母等
曾	用于核心称谓词前	第三代上辈亲属的修饰语	曾祖父、曾祖母等
长	用于核心称谓词前	兄弟姐妹中排行第一的兄弟姐妹以及其配偶的修饰语	长兄、长嫂、长姐等
重	用于核心称谓词前	第四代下辈亲属的修饰语	重孙、重外孙、重孙女等
大	用于核心称谓词前	自己所生子女中排行第一的修饰语，也可修饰父亲的姐姐	大儿子、大女儿、大姑子等
小	用于核心称谓词前	自己所生子女中排行最后的修饰语，也可修饰母亲的弟妹	小儿子、小女儿、小舅子、小姨子等

表 16 表示嫡庶或与再婚有关的修饰性语素

修饰语素	语素位置	汉语释义	例子
嫡	用于核心称谓词前	正妻所生的子女的修饰语	嫡子、嫡妇、嫡女、嫡孙等
庶	用于核心称谓词前	非正妻所生的子女的修饰语	庶子、庶孙、庶兄、庶弟等
前	用于核心称谓词前	男子、女子前任的配偶的修饰语	前夫、前妻、前家等
继	用于核心称谓词前	男子、女子与后任的配偶以及所生子女的修饰	继父、继母、继子等
晚	用于核心称谓词前	父亲或父系亲属后续的配偶	晚母、晚娘、晚爷、晚妻等

表 17　表示尊称和谦称的修饰性语素

修饰语素	语素位置	汉语释义	例子
令	用于核心称谓词前	表尊敬的修饰语	令尊、令堂、令兄、令弟、令郎、令媛等
尊	用于核心称谓词前	用于辈分或身份比自己高的亲属称谓词前，表尊敬	尊祖、尊公、尊兄、尊姊、尊嫂、尊夫人等
贤	用于核心称谓词前	用于辈分或身份与自己同级或比自己低的亲属称谓词前，表尊敬	贤弟、贤妹、贤妻、贤甥、贤婿等
愚	用于核心称谓词前	用于辈分或身份比自己低的亲属称谓词前，表谦虚	愚兄、愚姊、愚夫、愚妻等
拙	用于核心称谓词前	用于辈分或身份比自己低的亲属称谓词前，表谦虚	拙夫、拙妻、拙荆妻等

4.1.2　英语亲属称谓的构词特征

英语词汇构词法比较复杂，构词通常包括六种方法：转化法、派生法、合成法、混合法、截短法和首尾字母结合法。但是因为英语亲属称谓词的数量少，所以英语亲属称谓词的构词法也相对简单。我们将英语词汇中的词根当作一个语素来区分词义，英语亲属称谓语也可以分为单纯词和复合词两类。单纯词是由一个词根构成的词，也是一个语素。复合词是由词根加词缀按照构词规则而组合成的词，相当于汉语中的一个语素加上其他修饰语素构成的词。

4.1.2.1　单纯词

英语亲属称谓中的单纯词相当于汉语中的核心亲属词。英语亲属称谓词的单纯词都可以单独使用，一般用于面称，用作背称时，需加上修饰性的词缀语素。13 个核心称谓语素中除了"cousin"不具有区别性别的功能外，其余 12 个都具有区别性别的功能；"niece, nephew, uncle, aunt, cousin"这五个语素不区分父系、母系，只区分辈分，见表 18。

表18 英语亲属称谓语核心称谓语素

核心称谓语素	中文释义	性别		直系旁系		姻系	亲疏关系	
		男	女	父系	母系		内	外
father	自己的父亲	+	−	+	−	−	+	−
mother	自己的母亲	−	+	−	+	−	+	−
brother	自己的哥哥、弟弟	+	−	+	−	−	+	−
sister	自己的姐姐、妹妹	−	+	+	−	−	+	−
husband	丈夫	+	−	−	−	+	+	−
wife	妻子	−	+	−	−	+	+	−
son	儿子	+	−	+	−	−	+	−
daughter	女儿	−	+	+	−	−	+	−
niece	跟自己子女同辈的所有女子	−	+	+	+	−	−	+
nephew	跟自己子女同辈的所有男子	+	−	+	+	−	−	+
uncle	跟自己父母同辈的所有男子	+	−	+	+	−	−	+
aunt	跟自己父母同辈的所有女子	−	+	+	+	−	−	+
cousin	跟自己同辈的所有非亲兄弟姐妹	+	+	+	+	−	−	+

+表示肯定　−表示否定

4.1.2.2 复合词

英语亲属称谓中的复合词是指所有与核心亲属有直接亲属关系的亲属称谓词，相当于汉语中的修饰性语素，由英语核心亲属词的词根加上词前缀或词后缀构成。英语亲属称谓词的基本修饰语有4个，其中"great-grand-"与"father, mother, son, daughter"组合成的词表示比祖辈更上一层、比孙辈更下一层的亲属关系（即曾祖辈或重孙辈），"grand-"与核心语素组合表示祖辈或孙辈，"in-law"与核心语素组合，表示姻亲，没有血缘关系；"step-"只是强调法律上的姻亲关系。见表19：

表19 英语亲属称谓语的基本修饰语素

基本修饰语素	语素位置	汉语释义	对应的汉语称谓词	例子
great-grand-	用于核心称谓词前	表示祖辈以上远一层的祖辈和孙辈以下远一层的孙辈,男性女性通用	曾祖父、曾祖母、曾孙、曾孙女、曾外孙、曾外孙女	great-grandfather, great-grandmother, great-grandson, great-granddaughter
grand-	用于核心称谓词前	表示祖辈和孙辈,男性女性通用	祖父、祖母、孙子、孙女、外孙、外孙女	grandfather, grandmother, grandson, granddaughter
-in-law	用于核心称谓词后	用于姻亲,强调法律关系,区别血缘关系,男性女性通用	公公、婆婆、岳父、岳母、女婿、儿媳、嫂子、姐夫、妹夫	father-in-law, mother-in-law, son-in-law, daughter-in-law, sister-in-law, brother-in-law
step-	用于核心称谓词前	用于表示继父母、继子女,强调无血缘关系的直系亲属	继母、继父、继子、继女	step-mother, step-father, step-son, step-daughter

第二节 汉英亲属称谓的词义比较

葛本仪认为,词义包括词汇意义、色彩意义和语法意义三个部分,词汇意义是指"词所表示的客观世界中的事物、现象和关系的意义",色彩意义指"词所表示的某种倾向或情调的意义",语法意义指"词的表示语法作用的意义"。[①] 词汇意义就是指词所代表的意义内容,本章讨论的汉英亲属称谓的词义比较,是指汉英亲属称谓词的概念意义之间的比较。

英国著名语言学家利奇（Geoffrey Leech）认为：概念意义（conceptual meaning）也可以称为外延意义（denotative meaning）或认识意义（cognitive meaning）。概念意义是在语言交际（包括口头的和书面的交际）中所表达出来的词语的基本意义。这种意义被收录在词典里,不和客观世界中的事物和

---

① 葛本仪. 现代汉语词汇学 [M]. 济南：山东人民出版社,2001：121–122.

现象发生直接的联系。① 可见，词的概念意义在学界存在一定共识。

汉英称谓词也具有七种意义，即概念意义、内涵意义、指称意义、社会意义、情感意义、风格意义、修辞意义。称谓词的概念意义（conceptual meaning）也就是称谓词的字面意义。这种意义也被收录在词典里，其内涵意义相对稳定。在大多数语言中，称谓词多由名词、代词充当。其中名词是最常用的称谓形式。它包括姓名、亲属关系词、职业称谓、职位头衔等称谓词。称谓词不是简单的、无生命的符号，而是社会文化、主体的思想感情的载体。亲属称谓词的概念意义（词汇意义）表述了人们彼此间的亲属关系，折射出不同的社会历史和文化内涵，东西方社会制度、文化沉淀、价值观不同，导致人们的亲属观念也不同，由此产生的汉英亲属称谓词在词义上存在较大差异。

我们采用义素分析法比较分析汉英亲属称谓语的词义。义素是构成词义的最小要素，词的每个意义都包含多种义素，构成这个词的词义。在分析比较亲属称谓词义时，我们用"男性""直系""辈分""血亲""父系"5个义素来进行对比。如表20所示，表中符号"+"和"-"表示是否具有该特征，在对比辈分时，平辈用"="表示，"+1"表示上一辈，"+2"表示上两辈，"-1"表示下一辈，"-2"表示下两辈。所选用的15个英语亲属称谓词参照了英国社会语言学家特鲁吉尔（1974）的提法。② 根据英语亲属称谓词汇的特点，再加上2个"son-in-law, daughter-in-law"。

表20 汉英语亲属称谓词义对比1

英语称谓词	男性	直系	辈分	血亲	对应的汉语称谓词	男性	直系	辈分	血亲	父系
father	+	+	+1	+	父亲	+	+	+1	+	+
mother	-	+	+1	+	母亲	+	+	+1	+1	-
son	+	+	-1	+	儿子	+	+	-1	+	+
daughter	-	+	-1	+	女儿	-	+	-1	+	+
son-in-law	+	-	-1	-	女婿	+	-	-1	-	-

---

① 赵英铃，宋志平. 称谓词的词义探讨 [J]. 吉林师范学院学报，1996（Z1）：71-73.
② 许漫. 汉英亲属称谓语义场差异及其文化阐释 [J]. 现代语文（语言研究版），2017（8）：155-158.

续上表

英语称谓词	男性	直系	辈分	血亲	对应的汉语称谓词	男性	直系	辈分	血亲	父系
daughter-in-law	−	−	−1	−	儿媳	−	−	−1	−	−

上表中，通过义素对比，我们可以归纳出所列出的6个英语亲属核心称谓语与汉语称谓词有一一对应的关系，父、母、子、女、儿媳、女婿都是核心家庭成员，西方国家在家庭观念上也十分重视个体家庭，所以在亲属核心称谓上有一一对应的词。

表21　汉英语亲属称谓词义对比2

英语称谓词	男性	直系	辈分	血亲	对应的汉语称谓词	男性	直系	辈分	血亲	父系
grandfather	+	+	+2	+	祖父	+	+	+2	+	+
					外祖父	+	+	+2	+	−
grandmother	−	+	+2	+	祖母	−	+	+2	+	+
					外祖母	−	+	+2	+	−
brother	+	+	=	+	哥哥	+	+	=	+	+
					弟弟	+	+	=	+	+
sister	−	+	=	+	姐姐	−	+	=	+	+
					妹妹	−	+	=	+	+
grandson	+	+	−2	+	孙子	+	+	−2	+	+
					外孙	+	+	−2	+	−
granddaughter	−	+	−2	+	孙女	−	+	−2	+	+
					外孙女	−	+	−2	+	−
nephew	+	−	−1	−	侄子	+	−	−1	+	+
					外甥	+	−	−1	+	−
niece	−	−	−1	−	侄女	−	−	−1	+	+
					外甥女	−	−	−1	+	−
father-in-law	+	−	+1	−	公公	+	−	+1	−	−
					岳父	+	−	+1	−	−

续上表

英语称谓词	男性	直系	辈分	血亲	对应的汉语称谓词	男性	直系	辈分	血亲	父系
mother-in-law	−	−	+1	−	婆婆	−	−	+1	−	−
					岳母	−	−	+1	−	−

从上表中列出的 10 个英语亲属称谓词与与之对应的汉语称谓词的义素对比分析来看：第一，汉英亲属称谓语都有明确的辈分划分，英语亲属称谓中有祖辈、同辈和儿女辈，汉语也都有相对应的辈分称谓词；第二，汉英亲属称谓语都会严格区分性别；第三，汉语亲属称谓词明确区分直系和旁系；英语亲属称谓词明确区分核心亲属关系和非核心亲属关系以及血亲和姻亲。表格中英语称谓词一栏中没有分析"父系"义素，是因为英语亲属称谓词不区分父系、母系，我们无法辨认其属于父系还是母系。同辈中也不区分长幼，如"brother"既可指称"哥哥"，也可指称"弟弟"。对比表 21 中每一个英语称谓词都对应了两个汉语称谓词，原因就在于此。

表22　汉英语亲属称谓词义对比3

英语称谓词	男性	直系	辈分	血亲	对应的汉语称谓词	男性	直系	辈分	血亲	父系
uncle	+	−	+1	+	伯伯	+	−	+1	+	+
					叔父	+	−	+1	+	+
					舅父	+	−	+1	+	−
					姑父	+	−	+1	−	−
					姨父	+	−	+1	−	−
aunt	−	−	+1	+	姑母	−	−	+1	+	+
					姨母	−	−	+1	+	−
					伯母	−	−	+1	−	+
					婶母	−	−	+1	−	+
					舅母	−	−	+1	−	−

续上表

英语称谓词	男性	直系	辈分	血亲	对应的汉语称谓词	男性	直系	辈分	血亲	父系
brother-in-law	+	−	=	−	夫兄	+	−	=	−	−
					夫弟	+	−	=	−	−
					妻兄	+	−	=	−	−
					妻弟	+	−	=	−	−
					姐夫	+	−	=	−	−
					妹夫	+	−	=	−	−
sister-in-law	−	−	=	−	夫姐	−	−	=	−	−
					夫妹	−	−	=	−	−
					妻姐	−	−	=	−	−
					妻妹	−	−	=	−	−
					嫂子	−	−	=	−	−
					弟妹	−	−	=	−	−
cousin		−	=	−	堂兄	+	−	=	+	+
					堂嫂	−	−	=	−	−
					堂弟	+	−	=	+	+
					堂弟妹	−	−	=	−	−
					堂姐	−	−	=	+	+
					堂姐夫	+	−	=	−	−
					堂妹	−	−	=	+	+
					堂妹夫	+	−	=	−	−
					表兄	+	−	=	+	−
					表嫂	−	−	=	−	−
					表弟	+	−	=	+	−
					表弟妹	−	−	=	−	−
					表姐	−	−	=	+	−
					表姐夫	+	−	=	−	−
					表妹	−	−	=	+	−
					表妹夫	+	−	=	−	−

上述列表中，通过义素的对比，明显可以看出，由于英语亲属称谓词词义模糊，不区分父系还是母系、直系还是旁系，也不分长幼，而汉语亲属称谓词词义非常精确，所以汉英亲属称谓词义关系出现了一个英语称谓词对应5个、6个，乃至16个汉语称谓词的现象。

第三节 汉英亲属称谓的构词词义的异同

家庭是社会的基本组成单位，由于每个国家的历史文化不同，特别是价值观的不同，各个国家的家庭在规模和结构上都有所不同。亲属称谓是一个普遍的语言现象，用来表明家庭成员之间的关系，构成一个语义场。汉英两种文化有着很大的差异，但是客观世界相同，汉英亲属称谓在构词、词义方面既有相同点，也有较大的不同之处。

4.3.1 相同点

第一，在构词方面，汉英亲属称谓的构词方式都是采用词根单用或重叠或加词缀的方式构成的。

第二，通过增加义素，合成的亲属称谓词可体现不同的词义，比如，两个系统都有明确的辈分划分，英语称谓中通过增加义素清楚地区分了祖辈、同辈和儿女辈；汉语称谓中通过增加义素来明确区分直系和旁系。

4.3.2 不同点

从以上两个小节的构词和词义对比分析，可以看出汉英亲属称谓的词义系统有较大的差异。

第一，汉英亲属称谓语词义不完全对应。汉语亲属词具有分散性特征，而英语亲属词具有集中性特征。中国以大家庭为主，而西方国家以小家庭为主。汉语的亲属称谓系统庞大，所以具有分散性特征；相比之下，英语的亲属称谓系统简单，所以具有集中性特征。汉英亲属称谓语词义是不完全对应的，例如，"uncle"一词就对应了16个汉语亲属称谓词。

第二，特指性和概括性。汉语亲属称谓对每一个亲属都有它特有的称谓，而英语亲属称谓，具有相同特征的亲属用一个称谓来表示。因此，汉语亲属称谓具有特指性，英语亲属称谓具有概括性。

汉语亲属称谓词汇丰富，构词法也多种多样，能够精确表达长幼顺序、性别之差、血亲姻亲关系、宗族外族之别。而英语亲属称谓词汇较少，构词法简单，称谓词区分血亲和姻亲，但没有严格的宗族、外宗族之分。例如，在长幼区分方面,"年长"这个语义特征对汉语亲属词适用,对英语亲属词不适用。英语称谓中的"brother",既可以指汉语里的"哥哥",也可以指"弟弟"。在父系和母系区分方面,语义特征"父系"对于英语亲属词不适用,而汉语中的某些亲属词具有这样的语义特征。例如,"爷爷、奶奶"具有"父系"特征;英语称谓中,"grandfather,grandmother"不具有这些语义特征,既可指父系的祖父祖母,又可指母系的祖父祖母。

第五章　汉英亲属称谓的面称和背称

第一节　面称与背称

在现代汉语中为完成表述功能而具有指称作用的为指称语；指称语中指人的那一部分为称谓语；称谓语中具有自我描述功能的为面称语，不具备者为背称语。① 面称就是称呼性称谓，如当面称呼亲戚时用到的"叔叔""哥哥"等；背称就是指称性称谓，指的则是听话者不在现场时用到的称谓，如"父亲""母亲"等。②

胡士云指出：面称和背称是亲属称谓中一个很重要的分界。在汉语亲属称谓中，有些称谓语主要用于背称，面称时很少用到，如"祖父、祖母、外祖父、外祖母、父亲、母亲、继父、继母、伯父、伯母、堂兄、表兄、丈夫、妻子"等；有些称谓只用于面称，背称基本不用，如"妈咪"等一些昵称。有些称谓既用于面称，也用于背称，如"爷爷、奶奶、姥爷、姥姥、爸爸、妈妈、大爷、大妈、叔叔、婶子、哥哥、姐姐"。面称主要是招呼被称呼亲属而达到与之通话交流的目的，背称主要表明说话人与被称呼亲属之间的关系。③

汉英亲属称谓在面称、背称上的表现有很大差异。汉民族习惯用亲属称谓语直接称呼亲属，因此大部分亲属称谓语都可以作为面称称谓在生活中直接使用，如"爸爸、妈妈、哥哥、姐姐、弟弟、妹妹、伯伯、伯母、叔叔、姨妈、姨父、舅舅、舅妈"等；有些亲属称谓，如"堂哥、表弟"等，在日常称呼中会省去"堂、表"这些修饰亲疏的词而直接称呼"哥哥、弟弟"。

英语亲属称谓中只有几个称谓有面称和背称两种表述，如"father"一词面称时会用"dad""daddy"或"daddie"。这类词还有"mother – mum, mommy, mummy""grandfather – grandpa""sonsonny"。英语亲属称谓中"father, mother, brother, sister, son, daughter"等这些词多用于背称，或者

---

① 李明洁. 现代汉语称谓系统的分类标准与功能分析 [J]. 华东师范大学学报, 1997, (5).
② 曹炜. 现代汉语称谓语与称呼语 [J]. 江苏大学学报, 2005.
③ 胡士云. 汉语亲属称谓研究 [D]. 广州：暨南大学, 2001.

在一定的语境中使用。除此之外,英语中对于亲属的面称更多的是直呼其名或者以"称谓+人名"的形式出现。

汉语亲属称谓系统庞大繁复,英语亲属称谓系统简单笼统。鉴于汉语亲属称谓中面称、背称的特征,下面我们就按照汉语亲属称谓语中的宗亲称谓语(直系血亲称谓、旁系血亲称谓)、外亲称谓语、姻亲称谓语和夫妻系的称谓语进行分析对比汉英亲属称谓语在面称与背称方面的异同。

第二节 汉英亲属称谓的面称系统

汉语的宗亲称谓包括了直系血亲称谓和旁系血亲称谓。

5.2.1 直系血亲称谓(同姓)

汉英直系血亲称谓的面称,见表23。

表23 直系血亲称谓(同姓)面称

称呼对象	称呼者性别	汉语	英语
父亲的父亲	男、女	爷爷	grandpa
父亲的母亲	男、女	奶奶	grandma
自己的父亲	男、女	爸、爸爸	dad, daddy, daddie
自己的母亲	男、女	妈、妈妈	mum, mommy, mummy
同父母所生的年长于自己的男子	男、女	哥、哥哥(按照排行称大哥、二哥、三哥等等)	直呼名、昵称
同父母所生的年长于自己的女子	男、女	姐、姐姐(按照排行称大姐、二姐、三姐等)	直呼名、昵称
同父母所生的年幼于自己的男子	男、女	直呼名、弟弟	直呼名、昵称
同父母所生的年幼于自己的女子	男、女	直呼名、妹妹	直呼名、昵称
自己所生养的男子	男、女	直呼名、儿子、孩子	直呼名、昵称或buddy, honey

81

续上表

称呼对象	称呼者性别	汉语	英语
自己所生养的女子	男、女	直呼名、丫头、女儿、孩子	直呼名、昵称或 honey
儿子的儿子	男、女	直呼名	直呼名、昵称
儿子的女儿	男、女	直呼名	直呼名、昵称

从上表中的直系血亲称谓语可以看出，这一支系的英、汉亲属称谓语呈现出比较整齐的对应关系，但在具体内容上存在着明显的不同。

（1）称呼同辈、子辈及孙辈时的差异：汉语面称系统中，对于平辈、同父母所生的年长于自己的男子和女子分别称呼为"哥、哥哥"和"姐、姐姐"，另外，还按照排行分别称呼"大哥、二哥、三哥，大姐、二姐、三姐"等；英语面称系统中，称呼自己同辈的兄弟姐妹、自己子辈的儿子女儿以及孙辈时，都习惯直呼名或者称呼其昵称，或者称呼为"（my）honey"，以表喜爱及亲密。

（2）性别区分的差异：汉语面称系统中，对同父母所生的年长或年幼于自己的男子和女子区分得很详细，分别称为"哥哥、弟弟"和"姐姐、妹妹"，自己所生养的男子和女子也分别称为"儿子"和"女儿"。英语亲属称谓语中，在性别上不做区分，都习惯直呼名或者称呼其昵称。

（3）年龄区分的差异：汉语亲属称谓语都重视年龄的长幼，如在汉语亲属称谓中对同辈分中年长的亲属，会按照年龄排行分别称呼"大哥、二哥、三哥，大姐、二姐、三姐"等，而在英语亲属称谓语中，面称时，在年龄上不做区分，都习惯直呼名或者称呼其昵称。

5.2.2 旁系血亲称谓（同姓）

汉英旁系血亲称谓的面称，见表24。

表24 旁系血亲称谓（同姓）面称

称呼对象	称呼者性别	汉语	英语
父亲的兄	男、女	大爷、大伯、伯伯	uncle
父亲的弟	男、女	叔叔、叔父	uncle
父亲的姐妹	男、女	姑姑、姑妈	aunt, auntie
伯父、叔父所生的年长于自己的男子	男、女	哥、哥哥、堂哥	直呼名

续上表

称呼对象	称呼者性别	汉语	英语
伯父、叔父所生的年幼于自己的男子	男、女	直呼名、堂弟	直呼名
伯父、叔父所生的年长于自己的女子	男、女	姐、姐姐、堂姐	直呼名
伯父、叔父所生的年幼于自己的女子	男、女	直呼名、堂妹	直呼名
兄弟的儿子	男、女	直呼名	直呼名
兄弟的女儿	男、女	直呼名	直呼名

从表 24 的旁系血亲面称称谓语中可以看出，在这一支系中，汉语亲属称谓区分性别，重视年龄长幼；而英语亲属称谓中，对于长辈的称谓有性别区分，但是对同辈及其子辈就不区分性别了。具体而言存在以下几点不同。

（1）性别区分的差异：汉语亲属称谓面称时，在性别上都有严格区分，比如"伯伯、姑姑、堂哥、堂姐、堂妹"等等；英语亲属称谓面称时，在长辈称呼部分区分性别，如"uncle（男性）、aunt（女性）、auntie（女性）"等，但对于同辈及子辈，称呼时，在性别上不做区分。

（2）年龄区分的差异：汉语亲属称谓语都重视年龄的长幼，如上表中所示，父亲的哥哥叫"伯伯"，父亲的弟弟叫"叔叔"，还有"堂哥、堂姐、堂妹、堂弟"等，英语亲属称谓面称时，在年龄上不做区分，都习惯直呼其名。

（3）内外有别的差异：汉语亲属称谓语中父亲一方的兄弟的儿子称谓前都加上"堂"一词，如"堂哥、堂弟"等。英语亲属称谓中，不区分父系母系，全部直接称呼其名字。

（4）感情色彩的差异：从表 24 中，我们可以看到，称呼父亲的姐妹时，用"姑妈"比用"姑姑"更显亲切，其含义有视同母亲的寓意。相对应的，英语亲属称谓中，称呼"姑姑、姑妈"时，用"aunt, auntie"，"auntie"相当于"姑妈"一词。汉语中用单音节的"哥""姐"称呼年长于自己的叔、伯的子女，比"堂哥""堂姐"更显亲切，但是在英语亲属称谓中，不用"哥""姐"来称呼，而是直呼其名。汉语这种面称较英语这部分的面称表现出了更为丰富和亲切的口语化的特点，带有一定的感情色彩。

83

5.2.3 外亲称谓语（异姓）

汉英外亲称谓语中的面称见表25。

表25　外亲称谓语（异姓）面称

称呼对象	称呼者性别	汉语	英语
母亲的父亲	男、女	姥爷、外公	grandpa
母亲的母亲	男、女	姥姥、外婆	grandma
母亲的兄弟	男、女	舅舅	uncle
母亲的姐妹	男、女	姨、姨妈	aunt，auntie
表兄	男、女	表哥、哥哥、哥	直呼名、昵称
表弟	男、女	直呼名、表弟	直呼名、昵称
表姐	男、女	表姐、姐姐、姐	直呼名、昵称
表妹	男、女	直呼名、表妹	直呼名、昵称
姐妹的儿子	男、女	直呼名	直呼名、昵称
姐妹的女儿	男、女	直呼名	直呼名、昵称
女儿的儿子	男、女	直呼名	直呼名、昵称
女儿的女儿	男、女	直呼名	直呼名、昵称

在外亲称谓语中，汉英亲属称谓语在称呼母亲的父母、母亲的兄弟姐妹时呈现出比较整齐的对应关系，都有一一对应的称呼。两种语言都区分性别，称呼母亲的姐妹时，用词具有感情色彩。但由于各自文化的差异，称谓系统也表现出各自不同的文化特点。

（1）男尊女卑的差异：汉语亲属称谓语中，父亲血亲的亲属非常受重视，称呼父亲的哥哥和弟弟时有长幼之分，如"伯伯、叔叔"。而称呼母亲的哥哥和弟弟时没有长幼之分时，统称为"舅舅"，这是"男尊女卑"观念的体现。英语亲属称谓语中不分父系母系，也不分长幼，不管是父亲一方的还是母亲一方的兄弟姐妹，通通都叫作"uncle"和"aunt"。

（2）内外有别的差异：汉语亲属称谓语中母亲一方的兄弟姐妹的孩子称谓前都加上"表"，如"表哥、表姐、表妹、表弟"等，这与父亲兄弟称谓前所加的"堂"是相对应的。"堂"为"内"之意，"表"为"外"之意。英语中是根据辈分来称呼其亲属的，其称谓前都不加表示区分血亲远近的成分，不管是父系的还是母系的兄弟姐妹的孩子，面称时都直呼其名。

5.2.4 姻亲称谓语（异姓）

汉英姻亲称谓语的面称，见表26。

表26 姻亲称谓语（异姓）面称

称呼对象	称呼者性别	汉语	英语
伯父的妻子	男、女	大妈、大娘	aunt，auntie 或直呼名
叔父的妻子	男、女	婶子、婶儿	aunt，auntie 或直呼名
姑母的丈夫	男、女	姑父（夫）	uncle 或直呼名
姨母的丈夫	男、女	姨父（夫）	uncle 或直呼名
舅父的妻子	男、女	舅母、舅妈	aunt，auntie 或直呼名
兄的妻子	男、女	嫂子、姐姐	直呼名
弟的妻子	男、女	弟媳、直称名	直呼名
姐的丈夫	男、女	姐夫、哥哥	直呼名
妹的丈夫	男、女	妹夫	直呼名
儿子的妻子	男、女	直呼名、媳妇、××他妈	直呼名
女儿的丈夫	男、女	直呼名、姑爷、××他爸	直呼名
侄女的丈夫	男、女	直呼名	直呼名
侄子的妻子	男、女	直呼名	直呼名
孙女的丈夫	男、女	直呼名	直呼名
孙子的妻子	男、女	直呼名	直呼名

从上表中可以看到，在这一分支体系上，汉语中的亲属称谓语面称在男尊女卑、复杂程度、内外有别等方面都比英语的亲属称谓区分得更详细。如汉语中，称伯父的妻子、姑母的丈夫分别为"大妈、姑父"，称兄弟姐妹的妻子及丈夫分别称为"嫂子、弟媳、姐夫、妹夫"等。而在英语亲属称谓中，除了在长辈亲属称呼部分区别性别称呼外，称呼同辈、子辈的亲属时不分性别，没有内外之分，而且习惯直呼其名，例如，对伯父的妻子等姻亲一律直呼名，这是由使用英语的各民族追求个性自由、人人平等的传统观念导致的，直呼其名是其共同的文化特点。

5.2.5 夫妻系称谓

汉英夫妻系的称谓语，是指夫妻称呼对方或对方亲属的用语，其面称见表27。

表27 夫妻系的称谓（面称）

称呼对象	称呼者性别	汉语	英语
丈夫的父亲	女	爸、爸爸	dad, daddy
丈夫的母亲	女	妈、妈妈	mum, mummy
丈夫的哥哥	女	哥、哥哥	直呼名、昵称
丈夫的弟弟	女	弟弟、兄弟、直呼名	直呼名、昵称
丈夫的姐姐	女	姐姐	直呼名、昵称
丈夫的妹妹	女	妹妹、直呼名	直呼名、昵称
丈夫的嫂子	女	嫂子	直呼名、昵称
丈夫的弟媳妇	女	弟妹、弟媳妇、直呼名	直呼名、昵称
丈夫的姐夫	女	姐夫	直呼名、昵称
丈夫的妹夫	女	妹夫、直呼名	直呼名、昵称
妻子的父亲	男	爸、爸爸	dad, daddy
妻子的母亲	男	妈、妈妈	mum, mummy
妻子的哥哥	男	哥、哥哥	直呼名、昵称
妻子的弟弟	男	弟弟、兄弟、直呼名	直呼名、昵称
妻子的姐姐	男	姐姐	直呼名、昵称
妻子的妹妹	男	妹妹、直呼名	直呼名、昵称
妻子的姐夫	男	姐夫	直呼名、昵称
妻子的妹夫	男	妹夫、直呼名	直呼名、昵称
妻子的嫂子	男	嫂子	直呼名、昵称
妻子的弟妹	男	弟妹、直呼名	直呼名、昵称
夫	女	直呼名、老+姓、昵称（老头子、亲爱的、老公、老伴儿……）转称（孩子他爸……）	dear, love, darling, honey, sweet heart, sweetie 或直呼名
妻	男	直呼名、老+姓、昵称（老婆子、亲爱的、老婆、老伴儿……）、转称（孩子他妈……）	dear, love, darling, honey, sweet heart, sweetie 或直呼名

在这一分支体系上，汉英亲属称谓语面称在长辈称呼部分都呈现对应关系，非常统一。比如，在汉语亲属称谓中，称呼丈夫和妻子的父亲与母亲时，都分别称为"爸爸"和"妈妈"，英语亲属称谓中也是一样，都称为"dad，daddy，mum，mummy"。汉语中的亲属称谓语面称总的来说比英语的丰富，区分更细致，是汉民族男尊女卑、内外有别等观念造成了这一差异。

在汉语亲属称谓语中，夫妻双方都用自己配偶所使用的称谓语来称呼对方的家庭成员，例如"姐夫、妹夫、弟媳"等。英语亲属称谓中，对于配偶方亲属的称谓比较笼统，所有同辈的亲属都是直呼其名，这也是英语民族的习俗。

在夫妻互相称呼时，汉英语亲属称谓语都呈现丰富多彩的特点。比如，汉语中称呼丈夫时，可以直称名字，或用"老" + 姓/昵称（老头子、老公、老伴儿），除了这些称呼形式外，还可以用转称来称呼自己的配偶（孩子他爸等）；在称呼妻子时，用直呼名，或用"老" + 姓/昵称来称对方，如"老婆子、老婆、老伴儿"，还可以用转称"孩子他妈"等称谓语。英语中的夫妻对称也是丰富多彩，除了直呼名外，夫妻常用"dear, love, darling, honey, sweet heart, sweetie"称呼对方，表现出温馨幸福的家庭气氛。汉英两种语言在夫妻称谓上表现得较为丰富，汉语里，夫妻称谓在结婚初期、有了孩子后、年老的时候会有所变化，而英语中，夫妻互称不论在年轻时还是年老时都基本不变。笔者归纳如表28。

表28 夫妻互相称谓（面称）

	丈夫称妻子		妻子称丈夫	
	汉语	英语	汉语	英语
结婚初期（年轻时）	老婆、亲爱的、妻子的名字等	dear, love, darling, honey, sweetheart, sweetie 或妻子的名字	老公、亲爱的等	dear, love, darling, honey, sweetheart, sweetie 或丈夫的名字
有了孩子以后	老婆、孩子他妈等		老公、孩子他爸等	
年老的时候	老婆子		老头儿	

87

第三节 汉英亲属称谓的背称系统

背称与面称是相对而言的，背称是指被称呼人不在场时的称呼，即间接称呼语。英语亲属称谓语背称同面称一样从侧面反映了汉英民族的民族心理和伦理文化。

背称一般是在正式场合使用，所以相对于面称而言更为正式、严肃。为了便于直观了解汉英亲属称谓语背称系统的差异，我们也按照汉语亲属称谓语中的宗亲称谓语（直系血亲称谓、旁系血亲称谓）、外亲称谓语、姻亲称谓语和夫妻系的称谓进行分析对比汉英亲属称谓语在背称方面的异同。

5.3.1 直系血亲称谓（同姓）

汉英直系血亲称谓语的背称，见表29。

表29 直系血亲称谓语（同姓）背称

称呼对象	称呼者性别	汉语	英语
父亲的父亲	男、女	祖父、爷爷	grandfather
父亲的母亲	男、女	祖母、奶奶	grandmother
自己的父亲	男、女	父亲、爸爸	father
自己的母亲	男、女	母亲、妈妈	mother
同父母所生的年长于自己的男子	男、女	哥、哥哥	brother
同父母所生的年长于自己的女子	男、女	姐、姐姐	sister
同父母所生的年幼于自己的男子	男、女	直呼名、弟弟	brother
同父母所生的年幼于自己的女子	男、女	直呼名、妹妹	sister
自己所生养的男子	男、女	直呼名、儿子、孩子	直呼名、son
自己所生养的女子	男、女	直呼名、丫头、女儿、孩子	直呼名、daughter
儿子的儿子	男、女	孙子、直呼名	直呼名、grandson
儿子的女儿	男、女	孙女、直呼名	直呼名、granddaughter

从表29可以看出，这一支系的汉英亲属称谓语呈现出相当整齐的对应关系。在背称这一支系，两种语言的亲属称谓语没有明显的差异。汉英亲属称谓语背称在区分性别，重视年龄的长幼，称呼同辈、子辈及孙辈时表现几乎一样，没有差异。英语亲属称谓语中的背称也分得较为详细，父亲的父亲、母亲的母亲、儿子的儿子等称谓语都加上表示辈分的词前缀"grand-"，以明确辈分，性别区分也十分明确，如："brother – sister""son – daughter"，但是英语亲属称谓中平辈之间仍然不分长幼。

5.3.2 旁系血亲称谓（同姓）

汉英旁系血亲称谓的背称，见表30。

表30 旁系血亲称谓语（同姓）背称

称呼对象	称呼者性别	汉语	英语
父亲的兄	男、女	大爷、大伯、伯伯（按排行称大爷、二大爷）	uncle
父亲的弟	男、女	叔叔、叔父	uncle
父亲的姐妹	男、女	姑母、姑姑、姑妈	aunt，auntie
伯父、叔父所生的年长于自己的男子	男、女	堂兄、堂哥	cousin、直呼名
伯父、叔父所生的年幼于自己的男子	男、女	堂弟、直呼名	cousin、直呼名
伯父、叔父所生的年长于自己的女子	男、女	堂姐	cousin、直呼名
伯父、叔父所生的年幼于自己的女子	男、女	堂妹、直呼名	cousin、直呼名
兄弟的儿子	男、女	侄子、直呼名	nephew、直呼名
兄弟的女儿	男、女	侄女、直呼名	niece、直呼名

从表30可以看出，这一支系的汉英亲属称谓语也呈现出相当整齐的对应关系。在背称这一部分，两种语言亲属背称称谓语也没有明显的差异。只是汉语亲属背称称谓语除了注重区分性别、区别父系亲属外，还重视年龄的长幼，如"大爷、二爷、叔叔、堂兄、堂弟、堂姐、堂妹"等。英语亲属背

称称谓语中只注重性别区分,如"uncle(男)、aunt(女)、nephew(男)、niece(女)"。

5.3.3 外亲称谓语(异姓)

汉英外亲称谓中的背称,见表31。

表31 外亲称谓语(异姓)背称

称呼对象	称呼者性别	汉语	英语
母亲的父亲	男、女	姥爷、外公、外祖父	grandfather
母亲的母亲	男、女	姥姥、外婆、外祖母	grandmother
母亲的兄弟	男、女	舅舅、舅父	uncle
母亲的姐妹	男、女	姨母、姨妈	aunt,auntie
表兄	男、女	表哥、表兄	直呼名,cousin
表弟	男、女	直呼名、表弟	直呼名,cousin
表姐	男、女	表姐	直呼名,cousin
表妹	男、女	直呼名、表妹	直呼名,cousin
姐妹的儿子	男、女	外甥、直呼名	直呼名,nephew
姐妹的女儿	男、女	外甥女、直呼名	直呼名,niece
女儿的儿子	男、女	外孙、直呼名	直呼名,grandson
女儿的女儿	男、女	外孙女、直呼名	直呼名,granddaughter

从表31可以看出,这一支系的汉英亲属称谓语背称也呈现出相当整齐的对应关系。在这一部分,两种语言亲属背称称谓语也没有明显的差异。只是汉语亲属背称称谓语除了注重区分性别、重视年龄的长幼外,还非常注重内外之别,在母系亲属称谓前都加上了"外"一词,如"外公、外婆、外甥、外甥女、外孙、外孙女"等。英语亲属背称称谓语中只注重性别区分,如"uncle(男)、aunt(女)、nephew(男)、niece(女)",没有内外之分。

5.3.4 姻亲称谓语(异姓)

汉英姻亲称谓语中的背称,见表32。

表32 姻亲称谓语(异姓)背称

称呼对象	称呼者性别	汉语	英语
伯父的妻子	男、女	伯母	aunt

续上表

称呼对象	称呼者性别	汉语	英语
叔父的妻子	男、女	婶母	aunt
姑母的丈夫	男、女	姑父（夫）	uncle
姨母的丈夫	男、女	姨父（夫）	uncle
舅父的妻子	男、女	舅母、舅妈	aunt, auntie
兄的妻子	男、女	嫂子	直呼名，cousin
弟的妻子	男、女	弟媳、弟妹、弟媳妇、直呼名	直呼名，cousin
姐的丈夫	男、女	姐夫	直呼名，cousin
妹的丈夫	男、女	妹夫、直呼名	直呼名，cousin
儿子的妻子	男、女	直呼名、儿媳	直呼名，daughter-in-law
女儿的丈夫	男、女	直呼名、女婿	直呼名，son-in-law
侄女的丈夫	男、女	直呼名、侄婿	直呼名，nephew-in-law
侄子的妻子	男、女	直呼名、侄媳	直呼名，niece-in-law
孙女的丈夫	男、女	直呼名、孙婿	直呼名，grandson-in-law
孙子的妻子	男、女	直呼名、孙媳	直呼名，granddaughter-in-law

从表32可以看出，这一支系的汉英亲属称谓语同样呈现出相当整齐的对应关系。在背称这一部分，两种语言亲属背称称谓语也没有明显的差异。只是汉语亲属背称称谓语除了注重区分性别、重视年龄的长幼外，还非常注重血亲姻亲之别，用"媳""婿"词素来表现姻亲关系，如"弟媳、儿媳、女婿、侄婿、侄媳、孙婿、孙媳"等。这一支系英语亲属称谓语中的背称也分得比较详细，在姻亲亲属称谓词后加上表示姻亲的成分"-in-law"，如"daughter-in-law, son-in-law, nephew-in-law, niece-in-law, granddaughter-in-law"等。

5.3.5 夫妻系称谓（异姓）

汉英夫妻系的称谓中的背称，见表33。

表33 夫妻系的称谓（异姓）背称

称呼对象	称呼者性别	汉语	英语
丈夫的父亲	女	爸、爸爸、公公	father-in-law
丈夫的母亲	女	妈、妈妈、婆婆	mother-in-law
丈夫的哥哥	女	哥、哥哥、大伯哥	直呼名，brother
丈夫的弟弟	女	弟弟、兄弟、小叔子、直呼名	直呼名，brother
丈夫的姐姐	女	姐姐、大姑子	直呼名，sister
丈夫的妹妹	女	妹妹、小姑子、直呼名	直呼名，sister
丈夫的嫂子	女	嫂子	直呼名，sister-in-law
丈夫的弟媳妇	女	弟妹、弟媳妇、直呼名	直呼名，sister-in-law
丈夫的姐夫	女	姐夫	直呼名，brother-in-law
丈夫的妹夫	女	妹夫、直呼名	直呼名，brother-in-law
妻子的父亲	男	爸、爸爸、岳父、丈人	father-in-law
妻子的母亲	男	妈、妈妈、岳母、丈母娘	mother-in-law
妻子的哥哥	男	哥、哥哥	直呼名，brother
妻子的弟弟	男	弟弟、兄弟、直呼名	直呼名，brother
妻子的姐姐	男	姐姐、大姨子	直呼名，sister
妻子的妹妹	男	妹妹、小姨子、直呼名	直呼名，sister
妻子的姐夫	男	姐夫	直呼名，brother-in-law
妻子的妹夫	男	妹夫、直呼名	直呼名，brother-in-law
妻子的嫂子	男	嫂子	直呼名，sister-in-law
妻子的弟妹	男	弟妹、直呼名	直呼名，sister-in-law
夫	女	爱人、丈夫、先生、老公、孩子他爸、××他爸、直呼名	husband，直呼名
妻	男	爱人、妻子、太太、老婆、孩子他妈、××他妈、直呼名	wife，直呼名

从表33可见，在这一分支体系上，汉英语夫妻系称谓语的背称在区分性别、内外有别等方面几乎是统一的，汉语中还注重区分年龄的长幼。在汉语亲属称谓语中，夫妻双方都用自己配偶所使用的称谓语来称呼对方的家庭成员，例如"姐夫、妹夫、弟媳、大伯哥、小叔子、大姑子、小姨子"等。至于夫妻相称情况，汉语中的亲属称谓语比英语中的亲属称谓语更为丰富多样。这一支系英语亲属称谓语中的背称也分得比较详细，在姻亲亲属称谓词后加上表示姻亲的成分"-in-law"，如"sister-in-law, brother-in-law, father-in-law, mother-in-law"等。

第四节 汉英亲属称谓语面称背称的异同

综上分析可知，汉英亲属称谓语面称、背称系统既有相同点也有不同点，总结如下。

5.4.1 相同点

(1) 汉英亲属称谓语都有面称和背称之分。如汉语中有"爸爸"和"父亲"之分，英语中有"dad"和"father"之分。

(2) 汉英亲属称谓语的面称和背称系统都区分性别和辈分。这点在前文分析中已举例说明过，这里就不再重复举例说明了。

(3) 汉英亲属称谓语中，多数亲属称谓语都可用于背称，面称时很少用到。如汉语中，"祖父、祖母、外祖父、外祖母、父亲、母亲、继父、继母、伯父、伯母、堂兄、表兄、丈夫、妻子"等，都只能用于背称。这一特点在英语中表现更为突出，英语中仅有的几个亲属称谓语，如"grandfather, grandmother, father, mother, son, daughter, uncle, aunt, brother, sister, grandson, granddaughter"都只能用于背称。因为面称是交际双方面对面的直接称呼，称呼对方时比背称更讲究礼俗要求，所以能够用于面称的称谓语就有限制了。

5.4.2 不同点

(1) 汉语亲属称谓面称是成对存在的，[①] 比如"哥哥—嫂子、大爷—大妈、爷爷—奶奶、哥哥—姐姐、舅舅—姨姨、舅爷爷—姨奶奶"等等。英语亲属称谓面称中，由于英美人的习俗是直呼其名，所以只有个别成对出现，

[①] 樊钰妹. 汉语面称与背称研究 [D]. 呼和浩特：内蒙古大学，2011.

如"dad – mum""grandpa – grandma"。

（2）汉语亲属称谓不论是面称还是背称，都体现了长幼有序、尊卑贵贱以及内外有别，这反映了中国传统社会重视人伦、重视人际关系和谐的文化心理，体现了中国人重视情感的传统美德，因此也使得汉语亲属称谓面称和背称系统非常的庞杂齐全；而英语亲属称谓的面称和背称词不仅数量少，而且只区分性别和辈分。

总之，汉英亲属称谓背称同面称系统一样从侧面反映了汉英民族不同的民族心理和伦理文化。

第六章　汉英亲属称谓语的泛化

第一节　亲属称谓的泛化现象

亲属称谓语泛化是将亲属称谓语用于称谓非亲属关系的交际者的一种语言现象，其目的是在人际交往中，借用亲属称谓语称谓非亲属关系的交际对象，拉近与其的距离，建立良好的关系。在日常生活中，同事之间见面打招呼是为了表示亲近，我们会比照同事的年龄，见到比自己年龄大的女同事，就会用该同事的姓加上姐字，即"～姐"来称呼她；父母们会教育其孩子讲礼貌，见到年长者要叫"爷爷、奶奶、阿姨"等，尽管对方不是小孩的亲爷爷、亲奶奶、亲姨。用这些亲属称谓来称呼没有亲属关系的人，就是亲属称谓语泛化现象，也有学者将其称为拟亲属称谓。"拟亲属称谓语是指在社交过程中使用亲属称谓语来称呼非亲属的一种特殊称谓。"[1] 黄涛在《语言民族与中国文化》一书中指出："拟亲属称谓的实质是将亲属称谓语延伸使用到非亲属的人们之间。这种延伸使用有两种情形：一种是用于熟人的人们之间，表示交际双方在过去交往的基础上形成的亲近感情和密切关系，并且起到维持、增强已有关系的作用；另一种是用于陌生人之间，作为民间礼仪表示对称谓对象的敬重心意和亲近意图，起到拉近双方距离，为交际创造亲近语境的作用。据此拟亲属称谓语可分为两类：一类是熟悉者之间使用的，一类是陌生者之间使用的。"[2] 由于交际的需要，亲属称谓语被用于社会交际中，实际上是扩大了亲属称谓语的指称范围和语用范围，许多学者认为是亲属称谓语以一种新的形态来承载社会称谓的使命，借用亲属称谓语把家庭关系扩大到社会上，这也是中华民族家庭观念的延伸和扩大，传统观念"四海之内皆兄弟""天下一家"的体现。[3]

---

[1] 田惠刚. 中西人际称谓系统［M］. 北京：外语教学与研究出版社，1998.
[2] 黄涛. 语言民族与中国文化［M］. 北京：新华出版社，2002：94.
[3] 秦学武，赵欣，等. 称谓语的泛化及其形态标记［J］. 河北科技师范学院，2006：103-108.

第二节 汉语亲属称谓泛化

汉语亲属称谓系统十分庞大，是一个非常严谨、完整且稳定的语言系统，蕴含着中华民族丰富的文化内涵。汉语亲属称谓语的泛化使用，在先秦文献中已有出现，到了元朝，元杂剧使用了大量的泛化亲属称谓，反映了当时人们实际交际的情况。①

汉语亲属称谓语泛化的成因主要是受中华文化传统的影响。受到中华民族几千年的儒家思想文化的影响，人们自古以来就重视礼仪、重视家族观念、重视亲情。在社会交际中，借用亲属称谓把亲缘关系延伸到社会成员上，一是传统文化中重家庭、重亲情观念的体现；二是为了在社会交际中拉近彼此的心理距离，建立良好的关系，促使交际顺利进行。汉语亲属称谓的泛化固然是出于社交礼貌、尊重的原则，但"家国同构"的社会结构也是亲属称谓语泛化的成因。"家国同构"是指家庭、家族和国家在组织结构方面具有共同性。中国古代的统治者用大家长治家的方式管理整个国家，以血亲、宗法关系来统领社会，虽然现代社会结构发生了根本性变化，但是经历了两千多年的文化传统已经进入到了人们的心理结构中，形成了一种心理积淀。"天下一家"的思想仍然影响着人们的社会行为，在人际交往中，人们依然习惯把社会看作是一个大家庭，把社会成员当作亲属成员来称谓。因此，亲属称谓的泛化成了人们习以为常的社交称谓习惯。②

现代汉语中，标准亲属称谓语共363个，其中父系245个、母系65个、妻系44个、夫系9个。潘攀指出泛化用法较成熟的亲属称谓语主要有16个③，这16个也是汉语口语中泛化较为定型的常用亲属称谓。汉语亲属称谓语泛化的使用受到亲疏原则、年龄原则、地位原则和礼貌原则等语用原则的支配。④ "为了生活的需要建立不同的社会关系，家庭生活中所养成的基本关系，在生活向外推广时，被利用到较广的社会场合上去，人们时常可以有意歪曲客观的谱系秩序，以示好感，甚至包括毫无亲属关系的人。"⑤ 交际双方在选用拟亲属称谓语时首先受到亲疏原则的制约，即为了表示彼此间的亲密

---

① 杨亭. 汉语亲属称谓语泛化问题研究 [D]. 呼和浩特：内蒙古大学，2005：5.
② 王新刚. 现代汉语、英语、日语亲属称谓对比研究 [D]. 广州：广州大学，2011.
③ 潘攀. 论亲属称谓语的泛化 [J]. 语言文字应用，1998（2）：36-40.
④ 马莹. 拟亲属称谓语的语用原则及语用功能 [J]. 淮南职业技术学院学报，2003（1）：74-77.
⑤ 费孝通. 乡土中国 生育制度 [M]. 北京：北京大学出版社，2002.

关系，拟亲属称谓语主要使用在关系密切的同事、同学或朋友的亲戚之间。从亲属称谓语的选用方面来看，汉语亲属称谓系统中，父系亲于母系、妻系和夫系，直系亲于旁系，所以人们在选用泛化的称谓语时会更多地选择父系、直系的称谓语。当说话人与听话人处于相同的社会地位或说话人地位高于听话人时，说话人一般遵循年龄原则。如果辈分不同，晚辈对长辈的称谓语泛化，长辈对晚辈的称谓语一般不用泛化。比如：人们倾向于称呼跟自己年龄相当者为"大哥、大姐、大妹子"等，称呼父母辈的为"大爷、大妈、大叔、大嫂"等。如果说话人地位低于听话人或被指称人时，说话人一般遵循地位原则。在实际交际中，交际对象的社会身份地位不同，使用的称谓语也不同。比如，称呼父辈的教师、干部等知识分子为"伯伯、叔叔"，对于从事体力劳动的长辈称呼"大爷、大妈、大叔"等。拟亲属称谓语本身就是出于礼貌原则而存在的。还有一种特殊的准则，即从儿称谓原则。从儿称谓是指从子女或孙辈的角度去称呼交际对象，从降辈分的角度去称呼交际者，以示尊敬。

第三节 汉英亲属称谓泛化的比较

6.3.1 汉英亲属称谓语泛化的表现

根据潘攀的调查，现代汉语口语中泛化较为定型的亲属称谓语主要有16个，而且主要用于面称时，用在平辈、长一辈和长两辈的人身上，对曾祖辈和孙辈的人一般不用亲属称谓。① 因交际的语境不同，这些泛化的亲属称谓语会发生不同的变体，见表34。

表34 汉语亲属称谓泛化的表现

亲属称谓	泛化的亲属称谓语	称呼对象	亲属称谓泛化变体
祖父	（～）爷	敬称祖父辈且年纪与祖父相当的男性	1. 大爷/老大爷/老爷爷 2. 姓 + 爷爷/大爷（如：王大爷）

---

① 潘攀. 论亲属称谓语的泛化 [J]. 语言文字应用, 1998 (2): 36-40.

续上表

亲属称谓	泛化的亲属称谓语	称呼对象	亲属称谓泛化变体
祖母	（～）奶奶	敬称祖母辈且年纪与祖母相当的女性	1. 奶奶/老奶奶/老娘娘 2. 夫姓＋奶奶或本姓＋奶奶（如：李奶奶）
1. 伯父/伯伯/大伯/大爷 2. 排行＋伯/大爷	（～）伯	敬称父亲辈且年纪比父亲大的男性	1. 伯父/爹爹/老爹（如：王伯伯、李大伯） 2. 本姓＋老爹（如：李老爹）
1. 叔叔/小叔/老叔 2. 排行＋叔	（～）叔	敬称父亲辈且年纪比父亲小的男性	1. 叔叔/叔 2. 姓＋叔叔/叔/大叔（如：王大叔） 3. 职业类名＋叔叔
伯母	伯妈	敬称母亲辈且年纪与母亲相当的已婚女性	1. 伯母 2. 姓＋伯母
母亲/妈妈	（～）妈	敬称母亲辈且年纪与母亲相当的已婚女性	1. 大妈 2. 本姓＋大妈/妈/妈妈（如：王大妈）
娘/大娘	（～）娘	敬称母亲辈且年纪与母亲相当的已婚女性	1. 大娘 2. 本姓＋大娘（如：王大娘）
婶婶/婶母/婶儿	（～）婶（儿）	比父亲年轻的男性朋友或同事的妻子	1. 婶婶/婶儿/大婶儿 2. 夫姓＋婶儿/大婶儿
1. 姨姨/大姨/小姨/老姨 2. 排行＋姨	（～）姨	敬称母亲辈且年纪与母亲相当的女性	1. 阿姨/姨姨/大姨/小姨 2. 本姓＋姨/阿姨/大姨（如：赵姨） 3. 职业类名＋阿姨
1. 哥哥 2. 排行＋哥	（～）哥/兄	敬称同辈且年纪比自己大/与自己相当的男性	1. 兄弟/大哥/老歌/哥 2. 本姓＋兄弟/大哥（如：王大哥）

续上表

亲属称谓	泛化的亲属称谓语	称呼对象	亲属称谓泛化变体
1. 嫂子 2. 排行+嫂	（～）嫂	敬称同辈且年纪比自己大/与自己相当的已婚女性	1. 嫂子/大嫂/嫂嫂 2. 夫姓+嫂/大嫂；本姓+嫂/大嫂
1. 姐姐 2. 排行+姐	（～）姐	敬称同辈且年纪比自己大/与自己相当的女性	1. 姐姐/大姐/大姐姐/老姐 2. 本姓+大姐/姐；名+姐（如：陈姐）
1. 哥哥/弟弟 2. 排行+哥/弟	（～）兄弟	称呼同辈且年纪比自己大/小的男性	1. 兄弟/兄弟们/小兄弟 2. 姓+兄弟、姓+家+兄弟（如：王家兄弟）
1. 弟弟 2. 排行+弟	（～）弟	称呼同辈且年纪比自己小的男性	1. 贤弟/老弟/小老弟/小兄弟 2. 本姓+老弟（如：刘老弟）
1. 妹妹 2. 排行+妹	（～）妹	称呼同辈且年纪比自己小的女性	1. 小妹/妹子/大妹子 2. 本姓+家+大妹子；本姓+小妹

从上表中可以看出，在汉语亲属称谓语中常见的泛化称谓有"爷爷、奶奶、叔、伯母、妈、婶、姨、哥、嫂、弟妹"等。当称谓被泛化使用时，父系的亲属称谓语被大量使用，母系的则很少被使用，"阿姨"例外。这是因为人们在选择亲属称谓语去称呼非亲属时，常常会选择亲属称谓系统中关系最亲密的称谓语。汉语亲属称谓语中，父系亲于母系、妻系、夫系，血亲亲于姻亲，宗亲亲于外亲，直系亲于旁系，所以，拟亲属称谓语大量使用父系的亲属称谓语。祖父母、外祖父母、孙子、外孙辈的亲属称谓语不用作泛化称谓。辈分是亲属称谓语泛化的重要因素，上述表中显示，用于泛化的是亲属称谓语中称呼长辈和同辈的称谓语，而称呼晚辈的称谓语极少采用，因为泛化称谓本身就是出于尊敬原则。大多数姻亲关系的女性亲属称谓，如伯母、婶子、嫂子有扩展用法，比如"嫂子"可泛称比自己年龄大的男同事的妻子，"伯母"可泛称所有与父亲关系亲密的朋友的妻子。

汉语拟亲属称谓词为了与亲属称谓词相区别，会在拟亲属称谓词前加上一些泛化的标记成分，比如前缀"老/大/小"+亲属称谓：老爷爷、老大爷、老奶奶、大伯、大妈、大叔、大哥、大姐、大婶、小妹、小弟等；前缀

"姓/名/姓名" + 亲属关系：王爷爷、李奶奶、刘大妈、雷锋叔叔、志玲姐姐、凤姐等；前缀"姓 + 大／二／三……" + 亲属称谓：杜十娘、刘三姐、王大伯等；前缀"特征词" + 亲属称谓：眼镜叔叔、大个子伯伯、大拇指哥哥等；前缀"职业" + 亲属称谓：解放军叔叔、农民伯伯、售票员阿姨、护士姐姐等。

另外，在汉语亲属称谓的泛化中还有一种拟人化的泛化。这是因为"天人合一"的思想概念构建了中华传统文化的主体。根据"天人合一"思想，人与自然是一个不可分割的整体，二者彼此相通，血肉相连。因此在称呼自然界的一些事物现象时，汉民族也常常采用亲属称谓，把自然与人融为一体，如"天公天母""土地爷""老天爷""雷公""电母""太阳爷爷""月亮奶奶""春姑娘""风姨""冬爷爷"等。

英语中同样有亲属称谓语泛化的现象，但是这种现象远远没有汉语中运用的那么普遍。英语亲属称谓语中常见的泛化称谓词只有"father, mother, brother, sister, uncle, aunt"六个，列表如下：

表35 英语亲属称谓泛化的表现

亲属称谓	泛化的亲属称谓语	称呼对象	亲属称谓泛化变体
father	father	教父	1. father 2. father + 姓（如：Father Smith）
mother	mother	女主管或妇女宗教团的女主持人	1. mother 2. mother + 姓（如：Mother Jones）
uncle	uncle	称呼与父母关系亲密的男性朋友	uncle + 名（如：Uncle John）
aunt	aunt	称呼与父母关系亲密的女性朋友	aunt + 名（如：Aunt Sarah）
brother	brother	男性教徒、和尚或僧侣	brother + 教名（如：Brother Locus）
sister	sister	女性教徒、修女或尼姑	sister + 教名（如：Sister Cindy）

从上表中可以看出，英语亲属称谓词泛化的称谓词也会在拟亲属称谓词后加上被指称人的姓名，以明确指称对象，变体后在语义上发生了很大的变化。比如"father, mother, brother, sister"这四个亲属称谓词在泛化使用时，其变体的语义已脱离原称谓词的语义，不再表示亲属关系。在西方国家，除

核心家庭成员外，基督教徒中也有"兄弟、姐妹"称呼，因为他们认为大家都是上帝的儿女，"灵魂"关系往往比"血缘"更神圣。西方人也用亲属称谓"aunt"和"uncle"来称呼非亲属成员，如称父母的朋友"Aunt Cindy"和"Uncle Sam"，年长的可以用"son"或"sonny"来称呼年轻的男性，以示亲切，但这种泛化现象并不普遍。

6.3.2 汉英拟亲属称谓语的应用

汉语亲属称谓的泛化与中国传统文化、传统社会结构、人际关系密切相关，不仅仅是单纯的词汇现象。在社会交际中，人们会根据不同的交际场合和交际对象选择恰当的拟亲属称谓语，即根据不同的语境采用不同的拟亲属称谓来表达礼貌、尊敬以及亲密关系。因为在社会交际中，称呼对方是顺利进行交际的第一步。

中国人在日常交往中，借用亲属称谓语来称呼对方，已经成为一种普遍存在的社会文化习俗。拟亲属称谓的应用主要有以下几种语境。

（1）拟亲属称谓应用于邻里、同事、同学等自然关系状态的人群中。邻里是几乎每天都要见面的，称呼邻里时，自然要建立一种亲属般的友好关系。所以大多数情况下是运用拟亲属称谓语来称呼对方，但为了表明对方与自己没有血缘亲属关系，往往会在亲属称谓语前面加上对方的姓氏，如："李大爷""王大叔""张大婶""王大娘""刘大哥""陈姨"等。西方人在这样的社交场合，一般都用"Mr."（先生）、"Mrs."（太太/夫人）或"Miss"（小姐/女士）加上对方的名字来称呼。西方人的核心家庭观念很强，不会将家庭观念推衍到社会，他们称呼邻居家的男女主人时，用"先生/太太＋姓"，例如："Mr. White"（怀特先生）、"Mrs. Smith"（史密斯太太）。

同事虽然与自己没有亲缘关系，但也是社会关系中很重要的一类人。在正式交际场合，一般都会用职务或职位来称呼同事，有时为了表现彼此之间关系密切，在非正式的交际场合，我们会用拟亲属称谓语来称呼，比如："刘姐""李哥"等。西方人称呼同事不会用到亲属称谓语，在他们的观念中，称呼同事用"哥、姐"之类的词是极不礼貌的，西方人讲究平等与尊重，一般都严格按照职位、职称来称呼同事。比如："Doctor Liu"（刘医生）、"Manager Li"（李经理），一般称呼老师都直接用"Mr./Mrs./Miss"＋姓，大学教授直接用"Professor＋姓"。

同学关系被人们认为是最真诚、最友好、最纯洁的人际关系。现代社会人们越来越看重同学情谊，在称呼同学时，常常按年龄排序，以兄弟姐妹相称，比如："师兄""师弟""师姐""师妹"等。英文里没有"师兄""师弟"这类词，这是因为西方人的尊卑观念不强，讲究的是人人平等。在国外的大学或是中学校园里，同学之间在称呼上没有那么拘谨，直接称呼名字。如果要强调"师兄、师姐"的话，只能解释说"He/She is my senior at school."（他/她是我师兄/姐）。

（2）拟亲属称谓应用于干亲、结义、朋友等一类近乎于亲情关系的人群中。认干亲，就是本来不是亲属关系的双方相互认作亲属，这在我国传统社会中是一种常见的社会现象，所以在汉语拟亲属称谓中有"干爹""干娘""干兄弟""干儿子""干女儿"等词。"结义"一词来自小说《三国演义》里记载的故事"桃园三结义"，结义者按生辰年月排序来称兄道弟。中华民族自古以来就十分重视人伦关系：君臣、父子、夫妇、兄弟、朋友被看成人际交往中最重要的五种人伦关系，人们把朋友关系与兄弟关系几乎摆在了同等的位置上，所以称朋友为"兄弟"是最合适的。现代社会中，人们更注重结交朋友，"哥们""姐们""爷们"这类称呼随处可听到。西方文化里没有"干亲"概念，只有"adopted children"（领养的子女）这样的解释。西方人也有亲如兄弟一样的好朋友，但不会用亲属的称谓来称呼无血缘关系的人，而是通常采用其他词汇来表达，比如，"dude"这个称呼备受美国年轻人喜爱，意思就是"哥们""老兄"，在美国口语中，"buddy"一词常用来称呼亲如兄弟一般的好朋友。

（3）在中国现代社会，拟亲属称谓语中出现了更多的具有现代色彩的称呼，这些称呼应用得更广泛。比如，出租车司机被称为"的哥"，打工女被称为"打工妹"，个体老板被称为"款爷儿"，有突出贡献者被赞誉为"人民的好儿子"，等等。同样，这些时尚新鲜的称谓在英语中也有相对应的称谓，但是不会用亲属的称谓来表达。比如，英语用"rich man"表达"大款""款爷"，用"rich woman"称呼"富婆""款姐"，"moneybags"直译是"钱袋"的意思，意译是"大款"（男女均可，非正式用语）。这个特征将在下节中谈到。

拟亲属称谓在汉语中使用非常广泛，它们在人们的日常生活交际中起到了重要的作用。使用不同的拟亲属称谓可以体现出交际双方的关系，区分交际双方的年龄、身份、社会地位等。英语中拟亲属称谓的使用很少，在英民族国家，用亲属称谓去称呼非亲属关系的人是不符合习俗的。虽然如此，但在英语中也存在个别的拟亲属称谓，见表36。

表36 英语拟亲属称谓

亲属称谓（中文）	亲属称谓（英文）	英文拟亲属称谓的语义
伯母、婶、姨	aunt	aunt + 名（仅限于小孩称呼父母的好友） agony aunt（知心阿姨）
叔、伯	uncle	uncle + 名（仅限于小孩称呼父母的好友）
父亲	father	father + 名（指称神职人员、神父之意）
母亲	mother	mother + 名（指称神职人员，用来称呼女修道院院长）
姐、妹	sister	sister + 名（指称神职人员、修女之意）
哥、弟	brother	brother（仅限于口语，黑人男子之间的称呼，某组织内部的南新成员之间的称呼，修士） brothers in arms（战友）
儿子	son	son（泛化后年长者用以称呼年轻男子，表孩子之意）
奶奶	granny	granny（泛化后常被儿童用来称呼年长的非亲属，表老妇人、老奶奶、老太太之意）

综上所述，在中国社会各类群体中无所不在的应用拟亲属称谓的现象与西方国家鲜少在社会交际中应用拟亲属称谓语的现象形成了强烈的对比。

第四节 汉英亲属称谓泛化的特点

汉英亲属称谓语泛化现象差别明显，但也有个别相同之处，下面就汉英亲属称谓语泛化使用的特点进行分析比较。

（1）汉英亲属称谓语的泛化使用都具有选择性和原则性。虽然汉语的亲属称谓系统十分庞大，但能用于泛化的、用来称呼非亲属成员的亲属称谓语，较为定型的主要有16个，英语亲属称谓语中有6个。能否用于泛化是有选择性的，如汉语中"爸爸""妈妈""孙子"等不能做泛化使用。泛化使用的原则是依据亲密和尊敬程度进行选择，因此，表达晚辈的称谓，如"孙子"等，如果用于泛化，是对人的不尊重，这就违背了泛化使用原则。英语中能用于泛化的也只有表核心家庭成员的称谓语。亲属称谓的泛化使用还受到民族心理、传统文化等因素的影响。①

（2）汉英亲属称谓语的泛化使用的词形、语义都发生了变化。汉语拟亲属称谓词为了与亲属称谓词相区别，会在拟亲属称谓词前加上一些泛化的标记成分；英语亲属称谓词泛化的称谓词也会在拟亲属称谓词后加上被指称人的姓名，以明确指称对象，且变体后在语义上发生了很大的变化。汉语拟亲属称谓语中大多数亲属称谓用于非亲属对象时通常在词性上有所改变，常常是保留原来亲属称谓的中心词，加上"老、大、小、子"等词缀，或加姓氏、名字等。亲属称谓泛化使用的形成，是在原有亲属称谓的基础上，辅以标记成分而成的。② 亲属称谓加上这些泛化标记就泛化为非亲属称谓，使得原亲属称谓的义项增加，语义内容也必定发生变化，它所指的对象并不表示与说话人有亲缘关系，只是表示对被称呼对象的尊敬、礼貌语义。

（3）汉英亲属称谓的泛化均受到一定的语境制约。语境就是语言交际环境，狭义的语境是言语内部的上下文或说话的前言后语；广义的语境既可以包括狭义语境的内容，也可以包括言语外部的时间、空间等自然和社会环境。③ 汉英亲属称谓的泛化均受到一定的语境制约，这里的语境是指广义的语境。亲属称谓在泛化过程中必须严格遵守着语境这一"要义"，针对不同的交际对象和交际场合选择恰当的拟亲属称谓语。④ 汉英亲属称谓的泛化使用并不严格遵守亲属称谓系统中辈分、年龄限定的称呼规则。比如，在日常生活中，人们普遍都不喜欢被他人称"老"，特别是女性，西方人就更不服老了，见到欧美的老太太，一定不能称呼她们为"old grandma"（老奶奶）。使用汉英拟亲属称谓时，要分析各种语境，才能促成言语交际的顺利实现。

第五节　汉英亲属称谓泛化的语义语法特征

上文对称谓语泛化的对比分析，主要集中在对传统亲属称谓语泛化的研究。上文中也提到，在汉语亲属称谓语中，产生了一些与时俱进的、具有现代色彩的新称谓变体，如"的哥""款爷"等，这些泛化变体与传统的称谓变体在语义上有所不同，一般表现为语义扩大。本节将分析这一现象。

---

① 潘攀. 论亲属称谓语的泛化 [J]. 语言文字应用，1998（2）：36-40.
② 康月惠. 汉语亲属称谓及其泛化使用：类型、成因和功能 [D]. 福州：福建师范大学，2007.
③ 邢福义，吴振国. 语言学概论 [M]. 武汉：华中师范大学出版社，2002：232..
④ 刘琳. 现代汉语亲属称谓的泛化问题研究 [D]. 西宁：青海民族大学，2012.

6.5.1 汉英亲属称谓泛化的语义特征

由于社会的进步、科技的发展，特别是互联网的普及，由汉语亲属称谓语泛化产生了大量的网络新词汇，旧词衍生出新的义项、新的语用功能，语义和语用呈现出多元化的特征。比如，以表长辈的亲属称谓词"爷""妈""婆"为词模泛化而成的新词有"款爷""富婆""讹人大妈"等等；以表平辈的亲属称谓词"姐""妹""哥""弟"为词模泛化而成的新词有"淡定哥""房姐""打工妹""吧弟"等等。这类亲属称谓语的变体同样属于称谓语的泛化现象，只是网络成为了媒介，使得亲属称谓语进一步泛化。但是新时期下的这类泛化与传统称谓语的泛化有较大不同，从新词的语用功能来看，这些新词不再遵守传统亲属称谓语泛化的原则，不是以拉近交际双方亲近关系为目的，而是表示某一类人或某个群体的形象、某种职业、某种嗜好或者表示某个社会焦点事件，① 比如，"IT男""停车姐"等。"哥、姐、爷"在传统汉语中都是亲属称谓语的典型成员，但是在当今网络时代，这些亲属称谓在泛化之后，在词义方面的突出表现就是其表亲属关系的义素脱落，并向"类词缀"方向发展。亲属称谓从义素分析法的角度分析，要考虑系属、亲缘、辈分、长幼及性别五部分因素，但随着"×哥、×姐"的广泛流行，其区别意义的义素特征也分别开始脱落。这类体现时代需求的亲属称谓语的泛化变体具有新的特点：在语义上变化很大，有较强的概括性，比如"空嫂""微笑哥""宅男"等，一个称谓词就能概括一个完整的社会焦点事件，或者某一类人的形象、职业特征等。从词的内涵上看，这类词具有直观性和描述性，这类称谓词变体带有鲜明的感情色彩，表现出明显的意义泛化的特征。

新兴亲属称谓语的亲属义素大部分脱落，语义趋于概括和抽象，语义偏离、意义泛化，这是传统亲属称谓语演化为"类词缀"的表现，同时也体现出亲属称谓语在新时期进一步泛化过程中，其语义由实到虚的语法化过程。

在造词方面，出现了一种新的语言现象，这就是"以单音节的亲属称谓名词为构词要素产生大量的新词词群，其中的亲属称谓名词的词汇意义逐渐弱化，语法意义增强，构词能产能力空前扩大，具有标注词性的功能，且所处位置相当固定"②。其中所指的构词要素相当于汉语中的词缀，称之为亲属称谓词的词缀化，也有学者称之为词模。

---

① 唐厚广. 新媒体视域下语言的后现代化变异[M]. 北京：社会科学文献出版社，2018.
② 罗湘英. 亲属称谓的词缀化现象[J]. 汉语学习，2000(4)：74-77.

网络流行的亲属称谓名词的词缀化的词有"爷、哥、姐、妹、弟、婆"等，泛化的新词一般由这些词缀化的词或词模加上其他义素构成，结构上以偏正式为主。比如，"哥"词缀化构成的新词"的哥""犀利哥"等；"姐"词缀化构成的新词"款姐""凤姐"等。泛化后新词中的"哥""姐"义素完全不等同于亲属称谓语中"哥""姐"的义素了，失去了原有的称谓名词中"[±长辈]""[±父系]""[±血亲]"三个意义要素，仅保留了"[±男性]"的义素。泛化后的新词"的哥""凤姐"不再表示亲属关系，而是传递一种感情色彩，比如"不要迷恋姐，姐只是个传说""哥吃的不是泡面，是寂寞"，等等。

英语亲属称谓也存在泛化现象，但英语亲属称谓泛化现象不明显。英美人在非正式场合也用亲属称谓"uncle"和"aunt"来称呼非亲属人员。比如，用"Uncle Tom"或"Aunt Marry"来称呼长辈以示礼节。英语亲属称谓本身是不体现血缘关系的亲疏和长幼之分的，而且英民族也没有将表示家庭成员关系的称谓语用于社会交际中的习俗。新时期网络时代，英语中也产生了很多新词，以适应时代的需求，比如，"user eye-D"（网友见面）、"streamies"（收听网络电台的人）等，但没有出现以亲属称谓词为词模构成的新词。传统英语亲属称谓语泛化也是以核心亲属称谓词为词根与其他词构成合成词，成为泛化的变体，语义也已完全脱离了亲属称谓词的语义。

6.5.1.1 汉语核心亲属称谓泛化的语义特征

汉语核心亲属称谓语泛化后产生的网络新词汇颠覆了传统亲属称谓语泛化变体的词汇语义，以创新和个性化的发展方式对拟亲属称谓进行积极的改造，体现了当代人们的心理趋向以及社会价值观。为了考查当代亲属称谓语泛化后语义的变化，我们从中国语言资源网中的"新词语研究资源库"[①]中搜索了以"爷""哥""弟""姐""妹""妈""爸"为词模的部分新词以及其释义，从中来观察这些新词的语义。

（1）"×+爷"。

倒爷：指从事倒买倒卖投机的人。

班爷：对经常组织办培训班的人的谑称。

卡爷：指掌管一定的权力，动辄施管卡、耍威风的办事人员。

捧爷：指擅长奉承人的人。仿"倒爷"等而造，含贬义。

息爷：戏称坐吃利息的人。

的爷：指出租汽车司机，仿"板爷"等造。也称"的哥"，无辈分之

---

① http://ling.cuc.edu.cn/newword/showWordResult.aspx?page=4.

区别。

票爷：指以兜售假发票谋利的不法分子。

假爷：谑指各种弄虚作假、骗人骗财的人。

蹭爷：指利用商家提供的试用服务而趁机免费消费的人。

板爷：指以蹬平板车、三轮车为职业的个体户。

货币倒爷：指炒买炒卖股票、期货等的人。

旅游倒爷：借旅游之机，利用商品异地差价从事倒买倒卖活动的人。

担忧爷：一位82岁的西安老人将"你酒驾，爷担忧"的标语贴在自己的三轮车上，提醒司机不要酒后驾车，被网友称为"担忧爷"。

冒死爷：对举报广州地铁三号线北延段存在工程质量问题的工程师钟吉章的美称。由于举报的是非常敏感的问题，需要有极大勇气，故称。

女性爷：指具有领导力、事业有成又不失美貌的女性。

(2) "×+奶"。

犀利奶奶：对老年股民刘京新的昵称。因其股场话锋犀利、心直口快，生活中好打抱不平，故称。

最美奶奶：对救起三名落水儿童而不幸遇难的69岁老人柴小女的美称。也泛称见义勇为、乐于助人的老年女性。

国民奶奶：对在影视剧中饰演奶奶角色，并得到普遍认可的女星的美称。

(3) "×+叔"。

房叔：称利用权力非法拥有多套房产的男性政府官员。

萌叔：称形象、举止可爱的中年男子。

铺叔：对非法拥有众多商铺的官员的谑称，仿"房叔"造词。

暖叔：称会照顾体贴人，使人感觉温暖的大叔。

收视达叔：称收视率高的中年男演员。

(4) "×+爸"。

虎爸：称对子女期望很高，教育方式严厉的父亲，仿"虎妈"造词。

狼爸：泛称使用暴力方式管教子女的父亲。

猫爸：泛指对子女因材施教，注重沟通和引导，进行个性化教育的父亲。

暖爸：称会照顾体贴孩子，使孩子感觉温暖的父亲。

(5) "×+妈"。

拼妈：在教育理念、教育能力等方面与妈妈们拼争的母亲，仿"拼爹"造词。

狮妈：称坚持自己教育孩子的理念，敢于向不合理教育方式说"不"的妈妈，仿"虎妈"。

作妈：称没事找事、喜欢瞎折腾的母亲。

羊妈：指注重孩子的自由发展，以不过度约束的粗放式方法教育子女的母亲。

房妈：谑称利用手中权力，使子女非法拥有多处房产的母亲。

宝妈：原指孩子的母亲，现也指生了孩子以后无力抚养而将其送给别人的孩子的亲生母亲。与"领妈"（领养别人孩子的母亲）相对。

央妈：对中国人民银行的戏称。

准潮妈：指在衣着打扮、生活方式上引领时尚潮流的怀孕女性。

最美妈妈：泛称见义勇为、乐于助人的母亲。

中国大妈：指趁金价下跌，大量抄底买进的中国民众，因多为中老年妇女，故称。是外国媒体对这一群体带有调侃意味的称呼。

春节妈妈：指在春节期间将留守儿童领回自己家中过节的妇女。

暴走妈妈：指为了捐献自己的肝脏救子女，通过暴走（快步行走）减脂，以消除脂肪肝，达到手术要求的母亲，如武汉的陈玉蓉、辽宁的那雪莲。

（6）"× + 哥"。

空哥：飞机上的男乘务员。与"空姐"相对。

托哥：受雇于货主假装顾客购买商品以引人上当或多买的男子，与"托姐"相对。

的哥：指开出租车的男司机。

呼哥：指在传呼台充当传呼员的男子。

踏哥：指年轻的人力三轮车车夫。

初哥：指第一次进入某行道的男性。对网络知识少、水平不高之人，也称其为"初哥"；第一次当导游者是初哥；第一次参加马拉松比赛也是初哥，等等。

厅哥：网友对广东省公安厅微博的昵称。

酷哥：指个性充分张扬的男子。青少年心目中"酷"的主要含义或标志是：一种勇气、一种能力，是个性的一种充分张扬，而不是简单的追随与模仿。如今"酷"是英语 cool 的音译外来词。

动哥：指动车上的年轻男列车员，仿"动姐"造词。

淡定哥：称遇事从容镇定、处变不惊的青年男子，含戏谑色彩。

低碳哥：指过着低碳生活的人。

犀利哥：指一位名叫程国荣的乞丐。因其特别的举止、不伦不类的着装方式、犀利的目光而在互联网上爆红一时。面对"犀利哥"为何走红的追问，众说纷纭，大多归之为审丑之心、赏怪之态、猎奇之好、窥私之瘾。

（7）"×+姐"。

托姐：受雇于货主假装顾客购买商品以引人上当或多买的女子，与"托哥"相对。

导姐：指为人做向导的年轻女子。如导游小姐、导购小姐、导医小姐、导书小姐、导储小姐等。

的姐：指开出租汽车的女司机，与"的哥"相对。

动姐：指动车上的年轻女列车员，仿"空姐"造词。

房姐：指称利用权力非法拥有多处房产的女性政府官员。

微笑姐：2010年，"姐"被用作类词缀，形成"××姐"的格式，指称那些人们所关注的女性，如微笑姐、暴力姐、犀利姐、淡定姐。

（8）"×+弟"。

迷弟：指男粉丝。

裸跑弟：指四岁男孩何宜德（乳名多多）。因其2012年农历除夕清晨，在美国纽约的雪地中只穿了一条短裤跑步，故称。对于这位勇敢的"裸跑弟"，很多网友的第一反应就是心疼，网友们对于这种偏向于极端的教育方式也是褒贬不一。

炫富弟：指网络上高调炫富、嘲笑穷人的初中生网友"叨叨"。

中国好兄弟：对海天教育武汉分校职工刘培和武昌机务段火车司机刘洋兄弟的美称，他们为挽救重度烧伤、生命垂危的父亲，抢着割皮救父，其孝行感动了全中国。

（9）"×+妹"。

房妹：称拥有多套可疑房产的年轻女性。

动妹：称动车上年轻的女乘务员。

迷妹：指女粉丝。

靓妹：指美丽的年轻女子。

Q妹：指喜欢QQ聊天的年轻女性。

犀利妹：称穿着打扮怪异另类、头发凌乱的女子，仿"犀利哥"造词。

萌妹子：称可爱、讨人喜欢的姑娘。

软妹子：称外表柔弱、性格温顺的年轻女性。

书包妹：称女中学生。

四眼妹：称戴眼镜的小女子。

环保妹：称在生活中注重环保或大力宣传环保理念的年轻女性。

（10）"×+婶/嫂"。

空嫂：指称飞机上的中年女乘务员。

房婶：称利用权力，非法拥有多套房产的女性政府官员。

词汇是语言中最活跃的因素，语义随社会的发展而发生变化。汉语语言中的亲属称谓词随着社会的发展发生了进一步的泛化，产生了变体，不仅增加了词汇数量，其语义也随着社会的变革而变化。① 通过考察上述列举的由亲属称谓名词词缀化后衍生的新兴称谓语，我们可以看到，含有核心亲属称谓"爷""哥""弟""姐""妹""妈""爸"为词模的部分新词的语义特征：

（1）泛化后的新词已形成词群，且拥有相同的语素，如"×+爷""×+哥""×+姐"等。

（2）在汉语核心亲属称谓语中，以父系直系长辈称谓词模"爷""叔""哥"形成词群的新词数量是最多的，而"姐""妹""弟"词群则相对较少，表现出了词语内部泛化的不平衡性。②

（3）亲属称谓语的泛化变体不仅没有了辈分之分、长幼之分、性别之分，有时还指称非人的事物。比如，"章鱼哥""锦旗哥""面包哥"等。

（4）亲属称谓语的泛化变体通常指称某一新兴职业从业者，如"倒爷""卡爷""股爷""板爷""动姐""房婶"等。

（5）泛化后新词指称具有某种特征的人，比如"萌叔""萌妹子""准潮妈""犀利哥""四眼妹"等。

（6）泛化后新词指称因某一事件而在网络爆红的人或体现某一社会事件，比如"中国大妈""暴走妈妈""微笑姐""裸跑弟"等。

6.5.1.2 英语亲属称谓语泛化的语义特征

英语亲属称谓泛化现象虽没有汉语这么普遍，但泛化后的变体也可以用作指称从事某一职业的人或表示特定身份，③ 见表37。

---

① 董银秀. 汉英亲属称谓变体研究[J]. 钦州学院学报，2009，24（1）：110-113.
② 包乌云. 流行语义泛化研究[D]. 大连：大连理工大学，2015.
③ 董银秀. 汉英亲属称谓变体研究[J]. 钦州学院学报，2009，24（1）：110-113.

表 37 英语亲属称谓语泛化变体的语义特征（1）

英语亲属称谓语	泛化后的新词以及指称意义
father	Father Christmas（圣诞老人），Father confessor（忏悔神父），Father Time（时间老人），Father of Lies（魔鬼），Holy Father（基督教）圣父（指上帝）；天主教徒对罗马教皇的尊称
mother	Mother Bunch（矮胖、邋遢的女人），mother goddess（地母神，亦称为大地之母或母神，是指专司繁殖力及象征大地恩惠的女神）mother house 母院（指宗教教会最初建立的会所。主要收留一些弱势群体，为他们提供住所和治疗），Mother of God（圣母玛利亚，天主之母）
brother	brother chip（同业者、同行），brother in arms（战友），brother of the angle（钓鱼者），Brother Jonathan（美国人的别号；美国男性或土著居民）
son	A son of toil（劳动者），every mother's son（人人、全体），the sons of modern technology（掌握现代技术的人），Son of bachelor（私生子），the carpenter's son 木匠之子（用于称耶稣），Son of Adam（男子，亚当的子孙）
uncle	Uncle Sam（美国、美国人、美国政府），Uncle Tom（美国黑人）
aunt	Aunt Jane（黑人妇女，参加黑人教堂集会的姐妹），Aunt Tom／Aunt Tabby（不支持妇女解放运动的妇女）
sister	Sister Anne（忠实的女伴），sister of charity（仁爱会修女），sister of St. Joseph（圣约瑟会修女）
daughter	A daughter of the soil（乡下姑娘），daughter of the horse leech（吸血鬼、贪得无厌的人）

英语亲属称谓泛化变体除了用作指称从事某一职业的人或表示特定身份外，也用以表示非人事物。见表 38。

表 38 英语亲属称谓语泛化变体的语义特征（2）

英语亲属称谓语	泛化后的新词以及指称意义
grandfather	grandfather clock（落地大座钟，通常高约六英尺半），grandfather chair（翼椅、防风椅），grandfather clause（某件已成为了事实而得以豁免的条款），grandfather cycle（存档期）

续上表

英语亲属称谓语	泛化后的新词以及指称意义
grandmother/ granny	grandmother clock（落地座钟，只有 grandfather clock 三分之二长的钟），Granny syndrome（错误的情报）
father	Father of Waters（尼罗河），Father Thames（泰晤士河），father Hugo's rose（黄蔷薇），father-laser（牛肚父鱼）
mother	mother nature（万物之母、大自然），mother of months（月亮），Mother tongue（母语、本族语言），mother country（祖国、故乡），mother earth（地球母亲、万物生长的大地），motherland（发祥地、祖国），mother wit（处理日常问题的本能；常识），mother's milk（生来就喜欢的东西），Mother of Presidents（美国弗吉尼亚州的别称），mother cell（母细胞），Mother Hubbard（妇女穿的罩袍），mother plane（母机，一种携带、投放或操纵另一架飞机的飞机），mother ship（母舰，对小型舰艇护航或导航的海军舰船）
brother	The brother qualities of greed and miserliness（贪婪和吝啬属性质）
son	son of a bitch（讨厌的工作）
uncle	Uncle Thomism（逆来顺受的行为或态度），Uncle-Sam-Knows-best［山姆大叔（指美国）说了算的态度］
aunt	Auntie Nelly（胃、腹部），Aunt Hazel（海洛因） Aunt sally（一种游戏，用球或木棍去打破立在竿上的烟斗或木偶人头，引申意义为：易受攻击的目标）
sister	sister arts（姐妹艺术），sister block（由两个直列的同样大小滑轮的滑车），sister ship（姐妹船，通常指按照同一总图制造出来的相似的船舶），sister cell（姐妹细胞，由一个细胞分裂产生的两个细胞中的一个），sister nucleus（姐妹核，由一个核分裂产生的两个核），sister line（姐妹纹，指人手心的一条掌纹），sister hood（姐妹钩，夹状钩，一对配装在一起的钩），sister keel son（姐妹龙骨、边内龙骨，在主内龙骨和船底舣部曲面开始处之间的加强内龙骨）

从上述表中，我们可见：英语亲属称谓语泛化现象虽然不比汉语亲属称谓语泛化明显，但是英语亲属称谓语泛化也是以核心亲属称谓词为词根与其他词构成合成词，成为泛化的变体，语义上也是基本完全脱离了亲属义素。

6.5.2　汉英亲属称谓泛化的语法特征

近年来，汉语词汇中出现了大量的由亲属称谓词泛化而来的网络新词汇，这些新词在语法特征上遵循着一定的构词模式，即语素（名词、动词/动宾结构、形容词）＋ 词缀化的亲属称谓词。[①] 见表 39。

表 39　汉语核心亲属称谓泛化变体的语法特征

构词模式	举　例
名词＋亲属称谓	票爷　款爷　股爷　女性爷　的哥　吧哥　的姐　房姐　空姐　空嫂　春节妈妈　奶茶妹　环保妹　四眼妹　商嫂
动词/动宾结构＋亲属称谓	倒爷　卡爷　担忧爷　踏哥　奔跑哥　托姐　炫富弟　暴走妈妈　打工妹
形容词＋亲属称谓	淡定哥　犀利哥　富婆　坚强弟

同样，英语亲属称谓泛化后的词大多是复合词，而且都以名词的形式出现。比如"mother country"（祖国）、"Uncle Sam"（美国、美国人、美国政府）、"brother chip"（同行）等。

第六节　汉英亲属称谓泛化的异同

从上述分析来看，汉英亲属称谓在泛化使用上存在相同点，也有不同点。

6.6.1　相同点

（1）汉英拟亲属称谓语都由核心亲属称谓语充当，或独立使用，或由核心亲属称谓语词缀化后加上附加成分形成新词后使用，在实际交际中根据对象、场合与需求等的不同，表现出不同的变体。

（2）汉英亲属称谓语泛化变体大多用以指称从事某一职业的人或表示特定身份的人，也用以表示非人事物。

（3）汉英亲属称谓的泛化均受到一定的语境制约，即根据不同的语境采

[①] 刘永厚. 汉语社会称谓语的语义［M］. 北京：知识产权出版社，2017：126.

用不同的拟亲属称谓来表达礼貌、尊敬以及亲密关系。

（4）汉英亲属称谓的泛化使用中都有从儿、从孙的称呼方式，用以表示亲近。

6.6.2 不同点

（1）汉英亲属称谓泛化现象呈不平衡状。汉语亲属称谓泛化现象十分普遍，使用范围也十分广泛。汉语亲属称谓泛化使用中根据辈分制约，晚辈常用亲属称谓语来称呼非亲属的长辈以及交际的对象，汉语有 16 个拟亲属称谓语可用于泛化使用；英语亲属称谓中只有 6 个拟亲属称谓语可用于泛化使用，且使用语境有限制，因为变体后在语义上发生了很大的变化。总的来说，英语亲属称谓泛化现象较汉语亲属称谓泛化现象薄弱。

（2）汉英亲属称谓泛化变体格式不同。汉语拟亲属称谓语的常见变体的格式是"姓氏 + 拟亲属称谓语"，英语拟亲属称谓语的变体的格式为"拟亲属称谓语 + 名字"等；汉语常用词缀"老、大、小"等，而英语中没有这些前缀。

（3）现代网络时代汉英亲属称谓泛化程度差异极大。由汉语亲属称谓语泛化产生了大量的网络新词汇，而英语网络新词汇中没有发现亲属称谓词。

第七节　汉英亲属称谓泛化的成因

汉英称谓系统中都沉淀着各自民族的生活习惯、文化传统，蕴含着丰富的文化内涵。汉语亲属称谓语的泛化与汉民族的社会结构、文化传统以及交际心理密切相关，英语亲属称谓语少有的泛化现象也与其社会制度、文化传统息息相关。

6.7.1 传统社会结构及民族价值观念的影响

中国地处半封闭的大陆地理环境，造就了中国人守家安乡的传统观念。中国古代社会的主体是农耕自然经济，家庭和宗族中的每个成员都要协同劳动。在劳动过程中，人们需要以群体的力量来战胜自然灾害，于是渐渐地，人们聚族而居，形成了较强的家族观念，同时农耕经济也孕育了中国的儒家思想。

儒家思想就是建立在血缘宗法关系基础之上的。中国传统社会是典型的"农业—宗法"社会，宗法是一种宗族制度，是一种既体现神权又体现君权的血缘亲族制度。中国人的行为方式和语言方式一直受礼教传统的影响。中国封建社会时期，人们要严格遵守"三纲五常""三从四德"的道德规范。"三纲"就是必须绝对服从于君、父、夫；"五常"是儒家思想认定的人伦关系的原则，即仁、义、礼、智、信："爱之仁，正之义，君之礼，哲思智，情同信"，"三从"是指女子要"未嫁从父，既嫁从夫，夫死从子"，"四德"即妇德、妇言、妇容、妇功。在这些传统思想的影响下，中国人（特别是女性）在人际交往中非常注重自己的身份，做事讲究中规中矩、谨小慎微、尊老爱幼，与人见面交涉，都要礼貌得体地称呼对方。这些思想观念深深地影响着汉语亲属称谓系统泛化变体的使用。人们在交际中，为了建立友好的关系，拉近彼此的距离，就采用亲属称谓语来称呼非亲属关系的人，导致了亲属称谓语的泛化使用。

西方文化的发源地是希腊半岛，处于开放性的地理环境，人们以四海为家，乡土观念淡薄，家庭结构为"核心家庭"，即小家庭结构，家族成员的亲属关系比较简单，家族观念淡薄。这就导致了英语亲属称谓语系统笼统、模糊、简单。

英民族国家很早就进入了资本主义社会，经历了文艺复兴和工业革命后，人们形成了个人主义和平等主义的价值观。英民族国家没有烦琐的礼制，人际关系也比较简单，人们依据法律来规范和约束自己的社会行为。人际关系简单，社交礼节少，称谓自然就没有汉语亲属称谓那么烦琐的泛化现象。

6.7.2　思维方式和社会价值观念的影响

中华民族与使用英语的各民族生存的地理环境和社会环境不同，形成的思维方式也完全不同，因此具有了不同的价值取向。

中国的农耕经济培育了中华民族"四海之内皆兄弟"的思想。在中国人看来，个体是集体的一分子，个体要服从集体。因此，在社交活动中，中国人都十分注重个人的身份、地位和人与人之间的关系，将社会集体看作是一个大家庭，相互尊重。由此，汉语亲属称谓泛化使用时，有趋高现象，比如，人们常常用称呼长辈的称谓"爷""叔""哥""姐"来称谓交际对象，以示亲近与尊重。长期的封建社会使人们形成了等级制度的社会价值观。等级制度规定宗族内部长幼有序、尊卑分明，体现在汉语亲属称谓泛化中也是长幼有别。在社交中，人们广泛使用拟亲属称谓语，使用时非常注重长幼区别，将礼貌得体的亲属称谓用于社交中，传递情感，有效地维持人际关系，维护全社会的安定稳定。

英民族偏重自然，其思维方式具有分析性和认知型的特点。他们认为，每个人都是一个独立个体，倡导个体主义。所以，简单模糊的称谓并不会影响到人与人之间的关系，人与人之间用直呼其名来体现平等的观念，亲属称谓的泛化现象便没有汉语那么丰富。

6.7.3 社会发展的需要

随着社会的不断发展，亲属称谓泛化现象也不断地发生变化。中国现代社会家庭结构发生了很大的变化，家庭中兄弟姐妹的减少，导致部分亲属称谓词使用频率降低，或转化为拟亲属称谓。为了满足现代社会交际的需求，在交际中人们越来越注重礼貌用语，已被泛化使用的亲属称谓语，其语义被虚化，成为社会性的交际用语、社交用语。

网络语境下，亲属称谓语时时刻刻都在发生变异，变异形式的产生和发展一方面受到语言内部规则和机制的压制与影响，另一方面与语言外部因素也密切相关，如社会现状、文化形态以及民众的心理状态等。

6.7.4 语言符号的多义性和模糊性

亲属称谓的泛化现象基于语言符号的多义性、模糊性的特征。亲属称谓语用于指称有亲属关系的人，泛化后用来指称没有亲属关系的人，体现了语言符号的多义性。交际中，人们使用亲属称谓语去称呼非亲属，模糊了亲属与非亲属之间的界线，彰显了语言符号的模糊性。由于语言符号自身的任意性、多义性和模糊性，产生了大量具有现代色彩的拟亲属称谓语，比如"款爷、的哥、空嫂、打工妹"，丰富了现代汉语的社会称谓语系统。①

当今社会上新兴亲属称谓语的出现，也体现了社会上出现的新事物、新观念、新思潮。为了满足人们语用的需求，传统的亲属称谓语发生了变异，亲属称谓语类词缀化使得传统的亲属称谓义虚化；同时新兴亲属称谓的语用空间得到提升，填补了当今社会交际中社会称谓语的缺环现象。

---

① 王娜. 现代汉语亲属称谓语的泛化研究 [D]. 曲阜：曲阜师范大学，2006.

第七章 汉英亲属称谓系统的性别差异

社会语言学试图通过人们的语言使用现象，了解社会结构及其内在的机制问题。[①] 本章将从社会语言学的角度，对英语和汉语亲属称谓系统进行对比分析，试图揭示出两种语言的亲属称谓系统中隐含的性别歧视现象。

第一节 亲属称谓语与社会语言学

亲属称谓系统是人类社会在经年累月的生活生产中形成的规则和长期约定俗成的风俗习惯相辅相成的产物，在一定时期内具有一定的稳定性。社会语言学家研究称谓系统，目的是揭示语言形式同社会意义之间的关系。

称谓（address）是社会习俗的一个重要组成部分。根据《现代汉语词典》（第七版）的定义，称谓是"人们由于亲属和性别方面的相互关系，以及由于身份、职业等等而得来的名称，如父亲、师傅、支书等"[②]。称谓词语（term of address）作为语言交际中不可或缺的组成部分，反映了交际双方的角色身份、社会地位、亲疏关系以及情感好恶等。亲属称谓语的功能主要是标志家族成员的辈分、性别、家庭地位等，其称谓语与社会环境、礼教制度、道德观念和血缘关系等关系密切，体现了一种社会现象，所以称谓语不仅能显示出人们的身份、地位、血缘等复杂的社会和家庭关系，还可以反映出人们的思想意识、道德标准等。

社会语言学注重语言社会含义的研究，研究社会语境中人类的言语行为；从语言的使用入手，通过语境变体的分析，研究语言结构与语言功能之间的关系。亲属称谓语作为语言的重要组成部分，同样与使用语言的人、社会、文化密切相关。从社会语言学的角度来研究亲属称谓语，就是研究亲属称谓语的社会语用功能（非语法功能），解释亲属称谓语同社会文化、家庭、婚姻、伦理、道德、人际关系等种种观念习俗之间的关系，可以帮助人们加深对语言的人际功能的认识，同时丰富社会语言学的研究。

---

① 杨永林. 社会语言学研究：功能称谓. 性别篇 [M]. 上海：上海外语教育出版社，2004（6）.

② 现代汉语词典（第7版）[M]. 北京：商务印书馆，2016：2156.

对社会语言学中语言称代问题的研究始于 1960 年。美国的语言学家布朗与吉尔曼（Brown & Gilman, 1960）发表了题为《代词的权势与等同语义研究》（"The Pronoun of Power and Solidarity"）的论文；1961 年，布朗又与福德（Brown & Ford）共同发表了题为《美国英语称谓研究》（"Address in American English"）的论文，揭开了社会语言学语言称代研究的序幕。① 布朗与吉尔曼通过对欧洲主要语言系统的调查，概括出代词对称的两种基本语义关系，即权势与等同（power and solidarity）。社会语言学家将布朗和吉尔曼的代词研究成果，即"权势关系"与"等同关系"的模式运用到称谓语研究中，把称谓语分为两种：对称式称谓语（reciprocal addressing）和非对称式称谓语（nonreciprocal addressing）。非对称式称谓能反映发话者和受话者之间的不平等地位。布朗和福德在《美国英语称谓研究》中指出，美国英语中的称谓系统存在三种语义模式可供选择使用：①彼此直呼其名（the mutual ex-change of first name）；②彼此选用头衔加姓氏的方式（the mutual exchange of title + last name）；③非对称性选择方式（the nonreciprocal pattern）。② 他们认为：美国英语称谓系统中的语义关系选择都受权势与同等关系的制约。支配非对称式称谓语选择的因素有年龄的大小、职位的高低、性别的不同，也就是说，称谓语的使用既受民族传统、社会结构和集团意识的制约，又与交谈者之间的年龄、身份差距、性别及亲疏程度相呼应。在英美国家，不同辈分之间可以用名字直呼对方，体现了英语称谓系统中的"等同关系"，"等同关系"的称谓语成为称谓系统的主流。对称或非对称称谓在不同年龄的对话者之间的使用都很普遍，体现了称谓用语的简约化和称谓观念的平等化。③ 汉语亲属称谓语的性别特点集中表现在内外有别、称谓词量不对等和男尊女卑三个方面，④ 体现了称谓用语的复杂化和称谓观念的不平等化。

从社会语言学的角度审视称谓语系统中的性别差异，揭示称谓语体系中的性别特征，探究其背后所隐藏的社会文化历史原因，从理论上说，有助于解释语言内部的发展变化，以及外部因素对语言结构本身的影响，有助于加深对语言系统普遍规律的认识；从社会意义上说，称谓语的性别差异研究能

---

① 杨永林. 社会语言学研究：功能称谓、性别篇 [M]. 上海：上海外语教育出版社, 2004: 81.
② 杨永林. 社会语言学研究：功能称谓、性别篇 [M]. 上海：上海外语教育出版社, 2004: 81.
③ 李增垠. 称谓语选择的社会制约因素 [J]. 辽宁工程技术大学学报（社会科学版），2013：294 - 299.
④ 张莉萍. 称谓语性别差异的社会语言学研究 [D]. 北京：中央民族大学, 2007.

够规范当前有争议的语言现象，在社会交际中起到正确的导向作用。①

第二节　汉英亲属称谓系统性别差异的表现

汉语亲属称谓语的性别差异较大，主要表现为对女性的性别歧视上，封建宗法制是造成这种现象的主要原因。英语亲属称谓系统中的性别差异较小，这与英美民族强调男女平权、提倡人人平等的观念有关。

汉英亲属称谓系统整体反差比较强烈。汉语亲属称谓系统属于叙述式，称谓繁复多样，主要体现在行辈之别、同辈长幼之别、父系母系之别、男性女性之别、血亲与姻亲之别以及直系与旁系之别；其区分严密规范，描述精确，语义功能细密。英语亲属称谓属于类分式，称谓相对贫乏，主要以父辈为中心对家庭亲属进行分类，血缘关系只有五种等级，即父母、子女、祖父母、孙儿孙女、兄弟姐妹。英语亲属称谓指称宽泛，语义模糊，除区分辈分和性别外，亲疏、内外、长幼均无区分。

美国人类文化学者克罗伯（A. L. Kroeber）依据亲属关系和社会结构之间的关系，为亲属称谓的分类制定了八条原则：

（1）世辈的区分。如汉语中的曾祖父母、祖父母、父母、同辈、儿女辈等；英语称谓中也有世辈的区分，如"great-grandfather, grandfather, father, son, grandson"等。

（2）直系与旁系的区分。直系亲属，指和自己有直接血缘关系或婚姻关系的人，如配偶、父母（公婆、岳父母）、子女、祖父母（外祖父母）、孙子女（外孙子女）及其配偶。旁系血亲是具有间接血缘关系的亲属，即非直系血亲而在血缘上和自己同出一源的亲属。英语称谓中没有直系与旁系之分。

（3）同世辈中的年龄区分。汉语中对同辈亲属的长幼有严格区分，如"哥哥、弟弟、姐姐、妹妹""大伯、二伯""大叔、二叔、小叔""大姨、二姨"等，即对同一年龄的长幼亲属采取不同的称呼。而英语称谓中的"uncle/aunt""sister/brother"则没有年龄的区别。

（4）性别的区分。不同性别的亲属用不同的称呼来区别。如汉语称谓中的"父、母、兄、姐、弟、妹"等。英语称谓也严格区分性别，如"father, mother, sister, brother, uncle, aunt"等。

（5）称谓人性别的区分。对同一个被称呼的亲属，由于称呼者性别不同

---

① 杨永林. 社会语言学研究：功能称谓、性别篇［M］. 上海：上海外语教育出版社，2004：81.

而引起相应的称呼的改变。这种现象在汉语和英语称谓中都没出现。

（6）亲属关系人性别的区分。即把父母的兄弟姐妹的儿女分成两大类：第一类是父亲的兄弟的儿女与母亲的妹妹的儿女，称为平表兄弟姐妹，统称平表亲；第二类是父亲的姐妹的儿女与母亲的兄弟的儿女，称为交表兄弟姐妹，统称交表亲。这种现象在汉语和英语称谓中都没出现。

（7）血亲与姻亲的区分。血亲指由遗传决定的，不论亲疏程度，彼此有血缘关系的亲属。姻亲是由婚姻产生的亲属关系，不仅包括某人的配偶及其配偶的一切亲属，还包括他的一切血亲的配偶及亲属。汉语称谓中不仅严格区分血亲、姻亲，还区分直系血亲和旁系血亲。直系血亲是指出生关系。包括生出自己的长辈（父母、祖父母、外祖父母以及更上的直接长辈）和自己生出来的晚辈（子女、孙子女、外孙子女以及更下的直接晚辈）。旁系血亲是指非直系血亲而在血缘上和自己同出一源的亲属。如"伯、叔、姑、舅、姨、侄子、侄女、外甥、外甥女、堂兄弟姐妹、表兄弟姐妹"等。英语称谓中没有这种区分。

（8）已婚、未婚的区分。英语称谓中，对于女性已婚、未婚有严格区分。如，称呼已婚女性为"Mrs. + 姓"，称呼未婚女性为"Miss + 姓"。

上述 8 条亲属称谓的分类标准中，我们观察到，有 3 条分类标准直接与性别有密切的关系，除此之外，直系与旁系的区分、血亲与姻亲的区分跟性别也有间接的关系。可以认为，性别是亲属称谓语划分的一个重要标准。[①]

7.2.1　汉英核心亲属称谓的性别差异

依据克罗伯上述亲属称谓分类标准中的第四条"亲属的性别"，我们来考察汉英核心亲属称谓中的性别标志。为了直观地比较汉英核心亲属称谓中的性别标志，我们将汉英亲属称谓系统中的性别差异进行比较（见表 40）。

表 40　汉英核心亲属称谓性别分析

汉语称谓	父系/母系	英语称谓	父系/母系（英语称谓）	性别
父亲	父系	father	无区分	男
兄	父系	brother	无区分	男

[①] 转引自田惠刚. 中西人际称谓系统［M］. 北京：外语教学与研究出版社，1998：103；原文见 A. L. Kroeber, Classificatory Systems of Relationship. Journal of the Royal Anthropological institute of the Great Britain and Ireland, 1909, 39：77-84.

续上表

汉语称谓	父系/母系	英语称谓	父系/母系（英语称谓）	性别
弟	父系	brother	无区分	男
儿子	父系	son	无区分	男
丈夫	—	husband	—	男
祖父	父系	grandfather	无区分	男
伯父	父系	uncle	无区分	男
叔父	父系	uncle	无区分	男
孙子	父系	grandson	无区分	男
姑父	父系	uncle	无区分	男
姐	父系	sister	无区分	女
妹	父系	sister	无区分	女
姑母	父系	aunt	无区分	女
母亲	母系	mother	无区分	女
祖母	父系	grandmother	无区分	女
伯母	父系	aunt	无区分	女
叔母	父系	aunt	无区分	女
女儿	父系	daughter	无区分	女
孙女	父系	granddaughter	无区分	女
外祖父	母系	grandfather	无区分	男
外祖母	母系	grandmother	无区分	女
舅父	母系	uncle	无区分	男
姨父	母系	uncle	无区分	男
妻子	—	wife	—	女
舅母	母系	aunt	无区分	女
姨母	母系	aunt	无区分	女

从上述汉英核心亲属称谓性别分析表中，我们可以看到，在汉英核心亲

属称谓词中,男性女性称谓词各占一半,有表示男性的称谓词,就会有相应的表示女性的称谓词,说明不论是英语还是汉语亲属称谓都非常注重性别区分。我们也可以观察到,在汉语核心亲属称谓中,父系男性亲属的称谓词之间区别十分明细,而对母系亲属和父系亲属中女性亲属的称谓则相对简单,有着严重的不对等现象。比如,父系亲属称谓语中,父亲的哥哥叫"伯伯",弟弟称为"叔叔",长幼称谓分明,其配偶有"伯母""婶母"之别,父系亲属中有一个例外就是"姑姑","姑姑"虽然是父系中的一员,但被认为是外人,因为中国的宗法制重视男性血亲,姑姑是要嫁出去的,属于她的丈夫所在的家族体系,所以是外人。究其根本原因是性别,因为是女性,不受重视,所以父亲的姐姐、妹妹都叫"姑姑",区分只能靠排行,如"大姑、二姑"等。在母系亲属中,母亲的哥哥、弟弟也不论长幼一律被称为"舅舅",其配偶一律被称为"舅母",如果母亲有多个兄弟,则以排行来区分,分别叫"大舅、二舅",没有一对一的称谓。汉语亲属称谓中称谓母系亲属,常用"外"词缀,因为母亲、祖母和妻子都是外姓人,所以使用"外"词缀,如"外祖父""外祖母""外公""外婆";兄弟的儿子称为"侄子",姐妹的儿子称为"外甥";儿子的儿子是"孙子",而女儿的儿子则是"外孙"。父亲姐妹的子女、母亲兄弟姐妹的子女与自己既不同祖父,又不同姓,称为"表兄弟、表姐妹"。"表"为"表面",也是"外"的意思。① 这说明汉语民族重视血亲、轻视姻亲,而在血亲中,又重男轻女,女性处于次要、卑微的地位,男尊女卑观念特别强,汉语的亲属称谓系统充分体现了人们的家庭观念、重男轻女,男性处于重要的统治地位。在英语民族的亲属称谓语中,强调核心家庭,家庭的核心关系是夫妻,这种家庭观念体现在英语的核心亲属称谓中,即是特别区分出父亲、母亲、儿子、女儿、兄弟和姐妹等直接有血缘关系的亲属称谓语,不存在父系和母系的区分,也不强调同辈亲属的长幼次序。但性别是其中很重要的一个区分因素,对于性别之分仍然是一清二楚的,大部分称谓语都有男女之别,一一对应,如"father/mother,son/daughter,uncle/aunt,sister/brother"等,可见英语亲属称谓中同样存在明显的性别差异,性别差异是汉英亲属称谓语中普遍存在的一种现象。英语的亲属称谓从性别角度看呈完全平衡状,② 除了不分性别的"cousin",主要

---

① 丛丽,李琳琳. 汉英亲属称谓形式中语言性别歧视现象研究[J]. 辽宁工业大学学报(社会科学版),2008(3):47-49.
② 蔡春燕. 社会语言学视角下的汉英亲属称谓比较研究[J]. 厦门广播电视大学学报,2014,17(3):35-43.

的六对亲属称谓中，每对都有一一对应的男性和女性称谓。见下表：

表41　英语亲属称谓性别对照

男	女
father	mother
son	daughter
brother	sister
uncle	aunt
nephew	niece
cousin	

7.2.2　汉英父系母系称谓的性别差异

依据克罗伯上述亲属称谓分类标准中的第六条标准"亲属关系人性别的区分"，我们来考察汉英亲属称谓中父系母系主要亲属称谓的性别标志。汉英亲属称谓系统中的性别差异，见表42。

表42　汉英父系母系主要亲属称谓性别分析

汉语称谓	父系/母系	英语称谓	性别	汉语称谓	父系/母系	英语称谓	性别
伯父	父系	uncle	男	伯母	父系	aunt	女
叔父	父系	uncle	男	叔母	父系	aunt	女
姑父	父系	uncle	男	姑母	父系	aunt	女
舅父	母系	uncle	男	舅母	母系	aunt	女
姨父	母系	uncle	男	姨母	母系	aunt	女
堂兄	父系	cousin	男	堂嫂	父系	cousin-in-law	女
堂弟	父系	cousin	男	堂弟媳	父系	cousin-in-law	女
堂姐	父系	cousin	女	堂姐夫	父系	cousin-in-law	男
堂妹	父系	cousin	女	堂妹夫	父系	cousin-in-law	男
姨表兄	母系	cousin	男	姨表嫂	母系	cousin-in-law	女
姨表姐	母系	cousin	女	姨表姐夫	母系	cousin-in-law	男

续上表

汉语称谓	父系/母系	英语称谓	性别	汉语称谓	父系/母系	英语称谓	性别
姑表兄	父系	cousin	男	姑表嫂	父系	cousin-in-law	女
姑表姐	父系	cousin	女	姑表姐夫	父系	cousin-in-law	男
堂侄	父系	nephew	男	堂侄媳	父系	niece-in-law	女
姑表侄	父系	nephew	男	姑表侄媳	父系	niece-in-law	女
堂侄女	父系	niece	女	堂侄女婿	父系	nephew-in-law	男
堂外甥	父系	nephew	男	堂外甥媳	父系	niece-in-law	女
堂外甥女	父系	niece	女	堂外甥女婿	父系	nephew-in-law	男
姑表侄女	父系	niece	女	姑表侄女婿	父系	nephew-in-law	男
姑表外甥	父系	nephew	男	姑表外甥媳	父系	niece-in-law	女
姑表外甥女	父系	niece	女	姑表外甥女婿	父系	nephew-in-law	男
姨表侄	母系	nephew	男	姨表侄媳	母系	niece-in-law	女
姨表侄女	母系	niece	女	姨表侄女婿	母系	nephew-in-law	男
姨表外甥	母系	nephew	男	姨表外甥媳	母系	niece-in-law	女

上表显示，汉语民族非常重视父系亲属的称谓，父系亲属称谓分类较细，而母系亲属称谓分类笼统。比如，父辈中父亲的兄弟称为"伯"与"叔"，父亲的姐妹合称为"姑"；母亲同辈的兄弟统称为"舅"，母亲的姐妹统称为"姨"。在第一类平辈表亲中，父系兄弟姐妹的子女称为堂表兄弟姐妹，母系兄弟姐妹的子女称为姨表兄弟姐妹；在第二类表亲中，又分为姑表兄弟姐妹和姨表兄弟姐妹。又如伯伯、叔叔、姑姑都是父亲的兄弟姐妹，是父系亲属，伯伯和叔叔的孩子称为"堂"，"堂"在汉语中表示一家人的意思，姑姑的孩子却被称为"表"，母系亲属中的姨妈和舅舅的孩子也称为"表"。汉民族的宗法制认为女儿是夫家的人，与姨妈、舅舅一样都不是本宗族的人，所以在他们子女的前面就冠上"表"，"表"表示外部、外面的意思，表示这类亲属是外人。而自家兄弟的子女称为"侄"，其义为"至"，"侄"表示是自家的人。姐妹的子女称为"甥"，"甥"有"异姓所生"的意思。由此可见，汉语亲属称谓中父系母系的亲属称谓有严格的性别区分标志，进一步显示了男尊女卑的观念。汉语亲属称谓除了按性别呈不平衡状态

外，还区分父系母系，父系的兄弟姐妹有三个称谓——叔、伯、姑，母系的兄弟姐妹只有两个称谓——姨、舅，母系亲属称谓只区分性别，而这组父系亲属称谓除了区分性别，男性的还要区分长幼，说明汉语亲属称谓中性别差异更明显，不仅称谓系统按照父系母系区分，而且更重视父系的亲属称谓，轻视母系的亲属称谓。见表43。

表43 汉语父系母系同辈亲属称谓性别对照

亲属关系	男	女
父亲的同辈兄弟姐妹	伯 叔	姑
母亲的同辈兄弟姐妹	舅	姨

英语父系母系主要亲属称谓语中，父系亲属称谓与母系亲属称谓呈现出一种相对平衡的状态，即父系亲属与母系亲属没有严格的性别区分标志。如在英语亲属称谓中，父母双方的兄弟以及父母双方的姐妹的配偶都统称为"uncle"，父母双方的姐妹以及父母双方的兄弟的配偶都统称为"aunt"；而在汉语亲属称谓中，对父母同辈兄弟姐妹的子女分别称为"表哥""表弟""表姐""表妹""堂哥""堂弟""堂姐""堂妹"，这八个称谓清楚地表达了亲属的性别以及长幼关系，而这八个称谓在英语中统称为"cousin"，既分不出是父系亲属还是母系亲属，又辨不清性别和长幼，显示了英语民族人人平等、男女平等的传统观念。

7.2.3 汉英夫妻之间称谓的性别差异

英语亲属称谓系统中，"等同关系"的称谓语是称谓系统的主流，汉语亲属称谓系统中，"权势关系"的称谓语随处可见。"权势"（power）和"平等"（solidarity）等社会因素有着密切关系。[①] 汉语亲属称谓语中非对等式称呼能反映发话者和受话者之间的不平等地位，性别歧视现象在汉语夫妻互称称谓中表现明显，英语夫妻互称称谓中没有性别歧视现象。

中华民族文化因长期受儒家思想的影响，呈现出明显的伦理文化特征。推崇封建大家庭的结构形式，强调宗族血缘关系，以男性地位为尊，以女性

---

① The Pronouns of Power and Solidarity [A]. In: Sebeok A T. Style in Language [C]. Cambridge: Massachusetts Institute of Technology Press, 1960: 253-276.

地位为卑,受到封建礼教和所谓的"三从四德"的影响,汉语传统夫妻称谓中强调男性的主导地位与女性的从属地位,妻子对丈夫必须必恭必敬、惟命是从,因此她们尊称自己的夫君为"老爷""相公""先生"等等;而丈夫却用"堂客""婆娘"等字眼来称呼自己的妻子。夫妻中的女方指称男方的称谓词都含有表尊词素"贵、尊、大"等,而夫妻中的男方指称女方的称谓词由表谦词素"贱、卑、内"等构成,这种称谓方式体现了汉民族夫妻双方在家庭地位上存在明显高低贵贱之分、女性被歧视的文化特征。随着社会的进步,现代社会夫妻称谓中歧视女性的现象大有改善,虽然在汉语普通话中歧视性的夫妻称谓语已不被公开使用,但个别带有歧视意义的称谓仍在延用,比如"家里人""婆娘"等;在某些方言中丈夫称呼妻子为"煮饭的""暖脚的",仍然有歧视的意识存在。① 汉语中的夫妻相互称谓,见表44。

表44 汉语夫妻相互称谓(仅归纳常用的)

	丈夫称谓语	妻子称谓语
古汉语 (面称/背称)	公、卿、君、郎、郎君、玉郎、尊夫、夫君、官、官人、大人、良人、外人、先生、相公、老爷、当家的等	奴婢、臣妾、拙荆、荆妇、室人、内人、贱内、糟糠、家内、家里、屋里人、室人、妻室、堂客、敞房、荆室、山妻、婆娘、浑家等
现代汉语(面称/背称)	先生、丈夫、老公、爱人、老伴、老头子、孩子他爸、那口子、我家那位等	太太、妻子、夫人、老婆、爱人、媳妇、老伴、老太婆、孩子他妈、那口子、我家那位等

英语夫妻称谓用语也体现了这一崇尚个性与自由的文化价值观,夫妻间会直呼对方名字,或者省略姓氏以表亲切,如"Tom""Marry"等;英美夫妻间还习惯称呼对方为"darling""honey""sweet heart""dear"等,以表亲昵。但是英语夫妻称谓中也存在女性歧视的现象,如女性被丈夫背称为"my wife"或"Mr. Tommy's wife"(某某先生的妻子)。

汉英夫妻间称谓都存在女性歧视的称谓语,但现代汉语夫妻称谓已发生

---

① 严淑英. 夫妻称谓语研究 [D]. 南昌:江西师范大学, 2016.

了很大变化，性别歧视称谓语已逐渐消失。

7.2.4 汉英从他亲属称谓的性别差异

从他亲属称谓是汉语亲属称谓中比较独特的一种现象，指的是说话人在称呼自己的亲属时，不按照自己与被称呼人的直接亲属关系来称呼，而是依从他人与被称呼人的关系来称呼的语言现象。从他亲属称谓与汉民族的传统社会结构密不可分。

中国传统社会是一个封建的宗法社会，宗法制和三纲五常的伦理道德观念交织在一起，构成了中国尊卑有序的文化定势。中国的儒家思想影响深远，男尊女卑的观念在称谓语中随处可见，汉语亲属称谓中的从他称谓现象就是男尊女卑的传统观念的体现。

从他亲属称谓分为从父/母称谓、从夫/妻称谓、从兄/姐称谓、从弟/妹称谓、从子/女称谓、从侄子/女称谓和从孙子/女称谓等。女性歧视在"从夫称谓""从儿称谓"中体现出来。

从夫称谓。中国的儒家文化认为男女有别、男尊女卑，这在亲属称谓上也打下了深刻的烙印。中华民族女性自古以来地位卑下，她们的姓名称谓在婚前婚后都不一样，即所谓的"嫁鸡随鸡，嫁狗随狗"。在中国古代，女子在婚前随父姓但无名，如"李氏"等。结婚后，女子成了丈夫的附属物，姓氏又要改变，即在父姓前加上夫姓，如"王李氏"等。现代社会，女性都有自己的姓名，婚前随父姓，如"王小姐"等，但婚后被人称呼时，往往随夫姓，如"刘太太""刘夫人"等。

从儿称谓。从儿称谓是汉语的一大独特现象。从儿称谓是指已婚妇女随着儿女来称谓夫方的长辈或同辈。例如，已婚女子在称呼自己丈夫的父母时，按照自己小孩称呼祖父母的称谓，称呼他们为"公婆"；称丈夫的弟弟为"叔叔"。这是因为在汉语亲属称谓中，丈夫对妻子的直系亲属都有相对独立的一对一的称谓，比如：称妻子的父母为"岳父""岳母"，称妻子的姐妹为"姨"，妻子的兄弟为"舅"等。而妻子对丈夫的兄弟姐妹就没有一对一的独立称谓语了，所以只能从"儿"称谓或从"夫"称谓，按照丈夫或孩子对他们的称谓来称呼。这种从儿称谓的现象反映了女性处于从属地位，甚至没有独立的称谓去称呼丈夫的亲属，只能从自己孩子的角度使用跟孩子一致的称谓。现代中国，从夫称谓现象已逐步消失，从儿称谓现象仍然存在，但使用功能有所改变，比如，从儿称呼丈夫的父母为"爷爷、奶奶"，只为表示亲近关系。

英语民族也有从夫称谓的现象，以及女子结婚后从夫姓的习俗。女子结婚前一般用父姓，在姓名前加上"Miss"（表示未婚），结婚后则不再用父姓，而随夫姓，在姓名前加上"Mrs"（夫人）。比如，女子Mary White，在婚前被称为"Miss White"，嫁给Smith先生后，她被称为"Mrs. Smith"。西方女性很早就意识到了这种不平等，女权运动之后，现在的西方女性结婚后可保留自己的父姓，也可将自己的姓与丈夫的姓结合在一起形成一个复姓。①汉英亲属称谓中的从他称谓现象体现出两种文化都存在性别歧视，但这种女性歧视的现象已逐渐消失。

7.2.5 汉英亲属称谓排序的性别歧视

汉语亲属称谓形式中词汇的排序有章可循，汉语亲属称谓结构一般为联合式，结构稳定，且表现出汉民族特有的价值观念：尊前卑后、男前女后、亲前疏后。在汉语亲属称谓形式中，对男女两性的语序往往遵循男先女后的原则。如：父母、公婆、夫妻、夫妇、父子、兄弟、子孙、子侄、祖孙、兄嫂、弟媳、叔嫂、伯父伯母、岳父岳母、夫唱妇随等。这种称谓的结构模式已经是稳固的、约定俗成的了，如果调换顺序来称谓，如：母父、婆公等，似乎违反了上述词素次序的文化规定性。② 英语亲属称谓形式中词汇的排序也是有章可循的，如："brother and sister""father and mother""husband and wife"等，男女两性的语序也是遵循男先女后的原则。在英美文化中，《圣经》的地位举足轻重，其蕴含的价值观念有着广泛的社会基础，也影响着称谓语。比如在《圣经》里，创造世界的耶和华是一名男性，耶和华创造的第一个人是亚当，也是男性，亚当的妻子夏娃是用亚当的一条肋骨创造的，这就造就了英语语言中将男性放于首位的语言习惯。

从男女两性的词汇排列顺序上，我们可以看出性别歧视现象，这种先后顺序实际上就是一种尊卑观念的体现。语言本身没有歧视倾向，语言性别歧视是语言使用者对待某一性别的歧视态度而造成的，是文化因素导致了对女性的歧视。

第三节 汉英亲属称谓系统性别差异的原因

汉英亲属称谓语中的性别歧视现象是由于历史的演变、社会的发展、文化的传承以及男性女性社会地位的变化等因素共同形成的。汉英亲属称谓系

---

① 张莉萍. 称谓语性别差异的社会语言学研究[D]. 北京：中央民族大学，2007.
② 康月惠. 汉语亲属称谓及其泛化使用：类型、成因和功能[D]. 福州：福建师范大学，2007.

统性别差异实质上是汉英民族文化、习俗差异的映射,可从宗法观念与家庭结构、儒家思想与基督教的影响这两个方面究其成因。

7.3.1 宗法观念与家庭结构

中国历经了两千多年封建文化的洗礼,中国社会的宗法观念极强。宗法是一种体现君权的血缘亲族制度,中国古代社会以宗族为社会基本组织,在宗族内部区分尊卑长幼,强调宗族血缘关系,推崇封建大家庭的结构形式,以父系血缘为基础,来确定家庭内部亲属的辈分,并严格区分血亲与姻亲、宗族与外宗族的关系。这种"男女有别、长幼有序、君臣有纲"的宗法血亲关系形成了等级亲属制度,也形成了汉语庞大复杂的亲属称谓系统。

中国的封建宗法制度产生了歧视性的亲属称谓。自古中国文化里就有对女性的歧视,"唯女子与小人为难养也,近之则不逊,远之则怨",孔子的这句名言就体现了对女性的歧视。封建时期的中国社会是男性主导的社会,推崇男性的统治地位,女性的地位低下。"妇人,从人者也。幼从父兄,嫁从夫,夫死从子。""三从四德""男尊女卑"的思想是由来已久的封建社会信条,特定历史时期的深层文化问题体现在亲属称谓语中,形成了汉语亲属称谓语的性别歧视现象。

英美国家的文化发源于古希腊、古罗马,文艺复兴、工业革命以后,建立了比较完善的资产阶级制度,形成了自由、平等、博爱等思想。英美人一般以小家庭为单位,夫妻关系是家庭关系的核心主体,追求个人奋斗、经济独立,亲属观念比较淡薄。受这种思想的影响,英语中血亲、姻亲的称谓形式较为简单贫乏,无内外主次之分,无性别之分,更没有必要区别亲属称谓中的"直系""旁系""父系""母系"。例如,"sister"指称姐和妹,不分年龄大小;"grandmother"既指祖母也指外祖母,不分姻亲、血亲;"cousin"一词更是涵盖了"堂兄、堂弟、堂姐、堂妹、表兄、表弟、表姐、表妹"等诸多汉语亲属称谓词汇,没有宗族与性别的界线,男女平等。

汉语亲属称谓系统繁杂细密,与封建宗族制度紧密相关;英语亲属称谓系统的粗疏模糊,与简单的核心家庭结构相关。汉语亲属称谓语具有等级森严的封建宗法观念和重男轻女的意识,英语亲属称谓语则具有平等民主的色彩。因此,汉语亲属称谓语较英语亲属称谓语表现出更多性别差异、性别歧视的现象。

7.3.2 儒家思想与基督教义的影响

中华民族在儒家思想文化的影响下,形成了"男尊女卑""夫为妻纲"

"三从四德""男外女内"的道德观念和价值观念,推崇男性的统治地位,贬低女性的地位。所以在汉语亲属称谓里,血亲和姻亲、父系和母系分得非常清楚,父系的亲属称谓语相当丰富,而母系称谓语则相对含糊笼统,母系的亲属称谓前冠以"外"和"表",是对母系亲属的轻视、对女性的歧视态度的表现;夫妻称谓里,妻子用"奴""妾"等词来自称,显示出女性的地位低于男性。

英美文化受基督教的渗透,崇尚平等,他们认为每一个人都是上帝的子民,人们信奉"人人生而平等"。一方面,在基督教的影响下,英语民族轻家族、轻血亲,尊重个体,所以英美人不在意家庭成员的地位高低和男女差别。家庭亲属关系并不是很重要,亲属称谓也没有划分得那么清楚,亲属称谓语没有严格区别,不歧视母系亲属,同时尊重姻亲。

另一方面,在基督教文化中,女性是罪恶、灾难的根源,所以女性一直处于从属、受支配的地位。圣经里记载,夏娃(犹太教和基督教教义中的第一个女人)偷吃了禁果后,导致了人类的一切罪恶与灾难,因此是夏娃导致了人类的堕落,女人是一切罪恶的根源。这是西方文化里体现出的歧视女性的思想观念。无论从文化还是宗教意义上说,在中西方社会中,男性是第一位的,女性是第二位的,以男性为中心,女性为附属的思想已经成为一种民族文化心理。①

"语言中的性别歧视问题不是语言本身出了什么问题,而是讲语言的人的社会意识的反映。"② 随着社会的发展和进步,我们相信,由历史、传统和社会等因素形成和发展起来的称谓语系统中的女性歧视现象也将逐步消失。从社会语言学的角度审视汉英亲属称谓语系统中的性别差异,透过语言形式,了解不同民族的文化背景、价值取向以及社会规范方面的差异,有助于汉英文化的交流。

---

① 唐雪琼,林婕. 中英称谓语中的女性称谓歧视现象[J]. 中华女子学院山东分院学报,2009(2):45-50.

② Wolfson N. Perspectives: Socio linguistics and TEFSOL [M]. Cambridge: Newbury House Publisher, 1989.

第八章 汉英亲属称谓语的文化差异

第一节 汉英亲属称谓与文化

语言虽是一种符号系统，但与文化是相生相伴、密不可分的。语言是民族的，民族文化是语言的主要组成部分，各民族的文化和民族风俗都会在各自的语言中体现出来。语言是文化的一部分，也是文化的主要载体，文化现象要借助语言才能保存、延续和传播。语言也是一种社会现象，因为语言与人类社会行为已融为一体，所以语言能够从整体上反映一个民族的全部历史、文化以及信仰。民族的价值观念、道德标准、风俗习惯、生活方式等文化因素都会蕴含在该民族的语言系统中，这些文化因素主要体现在语言的词汇、语法和语用系统中。

称谓语就是称呼，即人们在社会交际中招呼对方所使用的名称。在特定的语言环境中，称谓语能区分出人们在特定人际关系中的个人身份、社会地位、动机、情感和态度以及人与人的亲疏关系和一个语言群体的文化习俗。不同民族有着不同的文化、历史、风俗习惯，因此不同的民族有不同的称谓系统。

"亲属称谓系统，广义泛指一切人类社会中各种亲属称谓所形成的语言文化体系。狭义指现代人类社会中某些特定的亲属称谓所形成的语言文化体系。"[①] 汉英亲属称谓系统分别属于中西两种异质文化，中西文化有着不同的核心价值取向。中国长期以来处于农业社会，强调家庭的人口数量；儒家文化自古以来便是中国文化的重要内容，对汉语亲属称谓语系统产生了极大的影响，推动了庞大的汉语亲属称谓语体系的形成。西方文化经历了两次工业革命，使得西方人强调个人的能力和自由，家庭观念淡薄，人际关系较为简单，呈现出较为简单的英语亲属称谓语体系。

汉英亲属称谓系统的差异主要表现在汉语亲属称谓系统分类相当细密，在宗族与非宗族、姻亲与血亲、父系与母系、直系与旁系、长幼辈分以及性别区分方面与英语亲属称谓系统反差极大，造成巨大差异的主要原因是使用

[①] 田惠刚. 中西人际称谓系统 [M]. 北京：外语教学与研究出版社，1998.

汉英语言的各民族在社会结构、家庭观念和价值取向、社会制度以及思维方式等方面存在不同。

第二节 汉英亲属称谓文化差异的表现

各个民族的称谓由于民族文化的不同而表现出差异，任何称谓都是民族的称谓。① 汉语亲属称谓系统丰富多彩，对于所有亲属关系都一一区分，精确描述，每位家庭成员都要从血亲与姻亲、直系与旁系、父系与母系、年长与年幼以及性别等方面去区分。汉语亲属称谓系统的语义功能如此细密，是世界上任何一种语言的称谓系统都无法比拟的。英语亲属称谓系统不仅数量少，而且指称贫乏，语义模糊，除区分性别与辈分外，内外、长幼、亲疏都不区分。最经典的例子就是，"cousin"这一个词对应了汉语"堂兄、堂弟、堂姐、堂妹、表兄、表弟、表姐、表妹"八个称谓词。汉民族之所以拥有如此庞大丰富的亲属称谓系统，与其封建社会强调以血缘关系为基础的宗族制度紧密相关；英语亲属称谓系统的笼统模糊，与英美民族推崇的核心家庭结构有关。

8.2.1 中西方社会结构的差异

（一）中国的社会结构对汉语亲属称谓的影响

中国的封建社会延续了两千多年，在这漫长的封建社会统治时期，宗法社会结构是主要的社会结构。这种社会结构主要表现为以血缘、婚姻关系为基础的封建宗法等级制度和专制制度。封建宗法等级制度的基本原则是每个宗族中的嫡长子是同宗中地位最高的，具有继承权。血缘宗法和专制制度形成了中国"家国同构"的社会结构。社会的基本单元是一个个的同姓宗族大家庭，所以血缘宗亲关系是每个宗族大家庭都非常重视的，是构成同姓宗族大家庭的主要依据。宗法实际上是一种血缘亲族制度，宗族大家庭是以父系血缘为基础，来确定家族中每个成员的地位，具体来说，是从区分血亲与姻亲、宗族与外宗族、父系与母系、直系与旁系等等方面来确定每个家族成员在家庭内部的地位和辈分，进而明确每个成员在家族中的名分地位和行为规范。封建社会的等级制度在家族中也烙下了痕迹，家族中严格遵守等级制度，"长幼有序""男女有别""君臣有纲"这些观念深深影响着家庭成员之间的等级关系，这种复杂的家庭亲属关系形成了复杂的汉语亲属称谓系统。

---

① 肖建华. 民俗语言初探 [M]. 北京：中国社会出版社，2010.

汉语亲属称谓系统以血缘宗族为主，划分宗族与非宗族、直系与旁系、血亲与姻亲，血统的不同形成了不同等级的亲属关系和亲疏关系，复杂的血缘关系形成了复杂的亲属关系，从而也产生了名目繁多的汉语亲属称谓。

由于汉语亲属称谓语可以体现亲属间的等级关系和亲疏关系，人们在人际交往中，尽可能多地使用亲属称谓语，来表达亲密的关系，以拉近与交际者的心理距离，从这一角度来看，这也是造成汉语亲属称谓语高度泛化的原因。

宗法的社会结构造就了系统复杂的汉语亲属称谓体系。宗法制度的影响造就了汉语亲属称谓数量之多，这是汉语亲属称谓系统的一大特色。汉语亲属称谓的数量之多是英语亲属称谓系统无法相提并论的。几千年的封建社会时期，人与人之间的亲属关系由于宗亲血缘关系而变得错综复杂，又因为以父系血缘为纽带组成的一个个宗族，是一个庞大的家庭，成员亲属非常多，自然需要大量亲属称谓语来称呼每一位家族成员。

在宗法等级制度影响下，宗族内的亲属关系有不同的等级，这种等级的亲属关系映射在亲属称谓语中，使得亲属称谓语也冠上了不平等的标记，亲属中父系亲属比母系亲属重要，更受到重视。比如，父系的同辈亲属都为"堂亲"，"堂"为"同堂""内亲"之意，而母系的同辈亲属都为"表亲"，"表"为"外""外亲"之意。

（二）西方的社会结构对英语亲属称谓的影响

英美民族文化发源于地中海，主要包括古埃及、古希腊和两河流域。海洋型的地理环境造就了人们与大自然搏斗的独立精神。当时地中海地区工商业比较发达，区域内的各个国家之间贸易往来频繁，因此扩大了人们的视野。英美民族国家没有经历中国那样的一统两千多年的封建社会，在欧洲社会虽然也有封建贵族的等级观念，但经历了文艺复兴运动之后，特别是在人文主义的影响下，人们倡议做命运的主人，这极大地推动了民族的个人进取精神的形成。英美民族重视平等和契约关系，很早就开始突破家族血缘的束缚。在家庭结构方面，英美人以小家庭为核心，儿女成年后便独立生活，人们没有宗姓家族观念。英美人强调人格平等，所以在亲属称谓上也体现出平等的思想。在英语亲属称谓中，没有高贵贫贱之分，所有亲属都一样地平等对待，无论是来自父系血统的亲属还是来自母系血统的亲属。人们在日常交际中，都直呼其名，以表平等。对英美人来说，血缘关系不受重视，因此英语亲属称谓中没有直系旁系、父系母系之分。

欧洲的资本主义起步较早，较早地取代了封建主义，因此，英语亲属称谓语中不存在汉语亲属称谓中的宗族成分，相反，人们崇尚自由、独立，血

133

缘观念淡薄，人文因素较多。核心家庭一般最多由两代人组成：夫妻和子女。子女在成年后会离开核心小家庭，独立生活，这种社会结构和核心家庭观念导致西方社会家庭结构相当简单，亲属称谓也就相应简单化了。

8.2.2 中西方价值观念的差异

"价值观是每种文化的核心，具有相对的稳定性和持久性。"[①] 中国文化价值系统的重要内容是儒家思想，儒家思想的核心是"仁"和"礼"。儒家文化主要以儒家思想为指导中心，其中心思想是"孝、悌、忠、信、礼、义、廉、耻"，其核心则是"仁"。"仁"是古代伦理道德的重要观念，是一种最高、最美的道德品质，属于道德修养问题的范畴。在儒家思想的熏陶之下，中华民族讲求仁、礼，注重和谐，加上自古便有"天下一家亲""四海之内皆兄弟"的思想观念，这些共同造就了汉语亲属称谓语非常普遍的泛化现象，人们习惯把亲属称谓扩大到家以外的社会关系中去使用，以显示与交际者的亲密关系。汉民族讲求尊老爱幼、互敬互爱，视天下为一家的思想都很明显地体现在亲属称谓语系统的庞杂性以及泛化现象中。

受到儒家思想的影响，中国文化形成了"有父从父，无父从兄"的观念。在等级森严的家庭中，长子、兄长占据了很高的地位，家族其他成员必须服从长兄。封建社会中，"礼"赋予长兄以合法的权力。[②] "礼"即是"伦理"，"伦理"体现在汉语亲属称谓语中，就是要讲究等级次序和差别，注重辈分之区别。"伦理"体现在人际交往中，就是要尊重对方。具体来说，在汉语亲属称谓语中，人们是要严格按照辈分去称呼对方的。在汉语称谓中，"尊长者，勿呼名"，所以，汉民族人们的基本礼仪便是禁止直呼其名，尤其对父母和长辈，甚至同辈人之间也不能直接称名道姓，礼仪要求用固定的称谓。汉语称谓非常讲究长幼之别，甚至同辈中也讲究长幼之别，年长的称为"哥哥""姐姐"，年幼的称为"弟弟""妹妹"；有几个兄弟姐妹时，还会按照排行来称谓，比如"大姐""大哥""二姐""二哥"等。总之，汉民族非常注重礼仪，每位亲属都有相对应的唯一的称谓。

汉民族崇尚集体主义观念，主张个人利益要服从集体的利益、家族的利益。在封建社会的家族中，个人对家族的影响极大。自古就有，"一人犯法，殃及全族"的说法；也有一人升官，家族"鸡犬升天"之说法，可见，家族中的亲属关系极其重要，所以亲属称谓也就要求精确到位。

[①] 吴为善，严慧仙. 跨文化交际概论 [M]. 北京：商务印书馆，2009：31-32.
[②] 骆小所. 现代语言学 [M]. 昆明：云南人民出版社，1999.

中国的伦理纲常是"三纲五常"。"三纲"为：第一，君为臣纲。君不正，臣投他国；国不正，民起攻之。第二，父为子纲，父不慈，子奔他乡。子为父望，子不正，大义灭亲。第三，夫为妻纲。夫不正，妻可改嫁。妻为夫助，妻不贤，夫则休之。"三纲"体现了封建社会的专制主义。"五常"，即仁、义、礼、智、信。"爱之仁，正之义，君之礼，哲思智，情同信。春生化万物而成仁，秋刚正利收而为义。"五常又称"五典"，即五种行为规则。"五常"是中国价值体系中的最核心因素，对汉语亲属称谓语系统的影响是最大的，表现在长幼有序、亲疏有别和男尊女卑等方面。

中国社会长期以来都是封闭式的农耕经济，社会的经济支柱是自给自足的小农经济社会。在生产劳动中，男性发挥了非常重要的作用，因此男性的社会地位较高。而作为女性，要"三从四德"，即未嫁从父、既嫁从夫、夫死从子，以及妇德、妇言、妇容、妇功。"男尊女卑"的观念导致了汉语亲属称谓中男女有别、母系亲属受轻视的现象。例如，汉语亲属称谓系统里，父系名称区分细致，母系名称区分简单，父系亲属称谓前不加标记，如"公公""婆婆""爷爷""奶奶""孙子""侄女"等，母系亲属称谓前常常加标记，如"外公""外婆""外甥女"等，"外"体现了内外有别。

英语民族国家大多受基督教观念的影响，宣扬人人都是上帝的孩子，因此没有贵贱、尊卑之分，人人平等。这使得英语亲属称谓没有远亲、近亲之分，没有父系、母系之分，没有血亲、姻亲之分，只是以性别与辈分来区分。

对于英语民族来说，人们在价值取向上注重个人主义，强调个人，追求人人平等，他们认为人际关系较不重要，因此，英语亲属称谓很少泛化用于称谓非亲属关系的人。家族亲族观念淡薄，这样的观念使得英语亲属称谓非常简单化。

英美社会中，人们互相尊重，社会称谓非常讲究礼仪，但是在家庭中，亲属间称谓不必按顺序排列，比如，"brother"可以指称"哥哥和弟弟"。在英语亲属称谓中，我们无法通过称谓来确定亲属在家族中的准确身份地位。在西方家庭中，每位家庭成员的地位都是平等的，晚辈可以直接称呼长辈的名字，这在中国违背习俗，违反了道德规范。

8.2.3　中西方经济制度的不同

中西方的传统经济主体形式的不同，也是造成汉英亲属称谓系统差异的原因。中国古代以自给自足的自然经济为主，为了战胜自然灾害，人们只能聚居在一起，相互依赖，一个家族或一个亲族聚居在一起生活，这就要求人们对自己的亲族进行亲疏远近的区分。在西方近代以来的经济体制影响下，英美人追求独立，推崇个人奋斗。家庭中只有父母与孩子两代人，亲属关系简单，亲属称谓的数量自然就少。中国传统的经济体制讲求互相帮助，推崇和谐的人际关系，所以汉语亲属称谓中的亲属关系非常明确，亲属称谓的数量也远远多于英语亲属称谓。另外，西方近代以来的经济模式需要人们讲究效率，这就决定了他们需要简单的称谓以适应自己的经济模式。

8.2.4　中西方思维模式的不同

汉英亲属称谓系统的差异是由不同的社会结构、亲属制度以及历史文化造成的，中西方两种截然不同的思维方式也造成了两种亲属称谓系统存在较大差异。

英语民族的思维模式是呈线性、直线型的。他们的思维方式强调要进行深入分析，这种分析思维，在研究过程中，会把某个事物从整体中分离出来，独立地进行考察。这种思维取向是个人式的，强调内在因素，强调个体。因此，在英美的亲属称谓中注重个体，而不考虑家族的亲属关系，少了感性因素，亲属称谓也就简单极了。思维方式影响语言，语言是思维的外化。英民族的抽象思维能力强，能理性地概括各种亲属关系，所以亲属称谓词的分类简单，也不需要详细、繁杂的亲属称谓。

汉民族的思维模式呈圆形，思维方式讲究整体性，重视整体，从整体上把握事物。这种思维模式反映在亲属称谓中，表现为大家族成员在称谓亲属时，要讲究整体，考虑大家族中众多的亲属关系，以维护和谐的人际关系。为了维持亲密的亲属关系，亲属称谓显示出亲疏远近的不同。汉民族的具象思维能力强，可以理清各种复杂的亲属关系，对每一位亲属都配置了相应的称谓，所以，汉民族的亲属称谓系统庞大丰富。

综上所述，中西方社会结构和价值观念的差异，主要表现在中国人的封建伦理观念和等级观念不同于西方社会的个体主义价值观，以及中西方经济制度和思维模式的不同，这些因素使得汉英亲属称谓系统出现了极大的明显的差异。

第九章 结　语

第一节　基本认识

本研究对汉英亲属称谓语系统，汉英亲属称谓的构词、词义，汉英亲属称谓系统的面称、背称，汉英亲属称谓语的泛化现象，汉英亲属称谓系统的性别差异等多方面进行了描述比较，尽可能全面地展示两种语言亲属称谓语之间各层面的异同。此项工作的成果将对汉英文化交流、汉英语言教学、汉英翻译等方面提供一定价值的帮助。本研究结论如下。

第一，汉语的亲属称谓系统相当庞大且丰富多样，表现出高度的描述性，而英语的亲属称谓系统则笼统简单，表现出极强的概括性。汉语亲属称谓不仅区分血亲姻亲、父系母系，还分直系和旁系，对于同辈的长幼关系也体现得淋漓尽致，每位亲属成员都有相对应的称谓；而英语亲属称谓系统中只重视核心家庭成员，不分长幼，不分血亲和姻亲、父系和母系、直系和旁系。

第二，汉英亲属称谓的系统差异主要表现在以下几个方面：

（1）血亲和姻亲的差异。汉语的血亲与姻亲称谓界线分明。英语亲属称谓中，血亲称谓不分直系和旁系，以性别区分，英语中没有姻亲称谓词，借助词后缀"-in-law"来表示姻亲关系。

（2）宗族内外的差异。汉语中的宗亲称谓有"爷爷、奶奶、侄儿、侄女、孙子、孙女"等。汉语中用"外"来区分宗族亲属和外宗族亲属，比如"外祖父、外祖母、外甥、外甥女、外孙、外孙女"。英语亲属称谓语中没有宗族和外宗族的概念，在西方人眼中，祖父和外祖父、祖母与外祖母都没有区别，都是祖辈。

（3）长幼和辈分的差异。汉语亲属称谓中有"哥哥、弟弟、姐姐、妹妹"，十分明确长幼关系。英语亲属称谓中，不区分长幼关系，这与习俗有关。造成汉英称谓系统差异的原因主要来自汉英民族社会性质的差异、文化的差异以及价值取向的不同。

第三，在构词方面，汉英亲属称谓的构词方式，一是采用词根单用或重叠或加词缀的方式构成的；二是通过增加义素，合成的亲属称谓词可体现不同的词义。两个系统都有明确的辈分划分，英语亲属称谓中通过增加义素清楚地区分祖辈、同辈和儿女辈；汉语亲属称谓通过增加义素来明确区分直系和旁系。汉英亲属称谓的词义系统有较大的差异。首先，汉英亲属称谓语词义不完全对应。英语亲属称谓语的词义模糊，概括性较强。例如，"uncle"一词就对应了16个汉语称谓词。其次，汉语亲属称谓词汇丰富，构词法也多种多样，能够精确表达长幼顺序、性别之差、血缘姻亲关系、宗族外族之别。而英语亲属称谓词汇较少，构词法简单，亲属称谓词不分血亲姻亲，没有严格的宗族、外宗族区分。

汉英两个民族在历史文化、价值取向上的差异，导致两种亲属称谓词义也存在较大的差异。

第四，汉英亲属称谓语都有面称和背称之分。汉英亲属称谓语中，多数亲属称谓语都可用于背称，面称时很少用到。如在汉语亲属称谓语中，较多称谓词如"祖父、祖母、外祖父、外祖母、父亲、母亲、继父、继母、伯父、伯母、堂兄、表兄、丈夫、妻子"等，都只能用于背称。这一特点在英语中表现更为突出，英语中仅有的几个亲属称谓语都只能用于背称，如"grandfather/mother, father, mother, son, daughter, uncle, aunt, brother, sister, grandson/daughter"。汉语亲属称谓不论是面称还是背称，都体现了长幼有序、尊卑贵贱以及内外有别，体现了中国传统思想，即重视人伦、重视人际关系和谐的传统文化，因此也导致了汉语亲属称谓面称和背称系统非常的庞杂齐全，而英语亲属称谓的面称和背称词不仅数量少，还只区分性别和辈分。

第五，汉语亲属称谓存在非常普遍的泛化语用现象，而英语亲属称谓泛化现象极少。在儒家思想的熏陶之下，中华民族讲求仁、礼，注重和谐，加上自古便有"天下一家亲""四海之内皆兄弟"的传统思想，人们习惯把亲属称谓语用以扩大到家以外的社会关系中去，并讲求尊老爱幼、互敬互爱、孝顺父母、敬爱兄长，所以汉语亲属称谓语的泛化非常普遍。传统的"视天下为一家"的思想直接体现在汉语亲属称谓语系统的庞杂性以及泛化现象上。

第六，汉英亲属称谓语中的性别歧视现象是由于历史的演变、社会的发展、文化的传承以及男性女性社会地位的变化等等因素共同形成的。汉英亲属称谓系统性别差异实质上是汉英民族文化习俗差异的映射，可从宗法观念与家庭结构、儒家思想与基督教的影响这两个方面探究其成因。

第七，汉英亲属称谓系统分别属于中西两种异质文化。中西文化有着不同的核心价值取向。中国长期以来处于农业社会，强调家庭的人口数量；儒家文化自古以来便是中国文化的重要内容，对汉语亲属称谓语系统产生了极大的影响，形成了庞大的汉语亲属称谓语体系。西方文化经历了两次工业革命，使得西方人强调个人的能力和自由，家庭观念淡薄，人际关系较为简单，呈现出较为简单的英语亲属称谓语体系。

第二节 本书不足

本研究对比研究汉英亲属称谓系统，该项研究涉及到对比语言学、文化学以及语用学等领域的综合知识。由于笔者对称谓语的研究时间有限，有关知识积累尚不充分，本研究难免出现一些缺陷和有待进一步改进之处。主要体现在以下两个方面。

第一，本研究理论上创新不够。虽然在前人研究的基础上，本书对汉英亲属称谓进行了各个层面的对比描述，针对现象做出了解释，但对汉英亲属称谓系统还可进行更全面、更深层次的对比研究。

第二，本研究的研究模式较为单一。因笔者母语为汉语，虽然在英语语料搜集方面做了大量的工作，但是语料选取的局限性、片面性以及一定的随机性有可能影响本研究结论的全面性。

第三节 研究展望

第一，称谓语可分为亲属称谓语和社会称谓语。相对来说，亲属称谓语的词汇比较稳定，发展变化缓慢，因为亲属关系是较稳定的。而在当今网络信息时代，由于社会的需求，社会称谓语的发展变化日新月异，产生了大量的新兴亲属称谓语。新兴亲属称谓语产生的原因、社交称谓语选择的制约因素以及如何规范使用新兴称谓语等等相关课题，都值得我们去探究。

第二，汉英亲属称谓系统有很明显的差异，英语亲属称谓笼统、简单、粗疏，而汉语的亲属称谓精细、复杂、严格，隐藏在这种特殊词汇体系背后的是一个民族的社会文化生活与民族心理特点等社会属性特征。汉英亲属称谓语系统间的差异，给汉英称谓语的互译带来了困惑，这也是汉英翻译的难点之一。笔者将在汉英亲属称谓语的互译方面继续探索。

参考文献

[1] 包乌云. 流行语语义泛化研究 [D]. 大连：大连理工大学，2015.

[2] 毕继万. 汉语与英语称谓词用法比较 [J]. 世界汉语教学，1989（3）：176-178.

[3] 蔡春燕. 社会语言学视角下的汉英亲属称谓比较研究 [J]. 厦门广播电视大学学报，2014，17（3）：35-43.

[4] 曹炜. 现代汉语词汇研究 [M]. 广州：暨南大学出版社，2010.

[5] 曹炜. 现代汉语中的称谓语和称呼语 [J]. 江苏大学学报（社会科学版），2005（2）：62-69.

[6] 陈建民. 语言文化社会新探 [M]. 上海：上海教育出版社，1989：21.

[7] 陈建民. 关于语言与文化研究的思考 [J]. 汉语学习，1992（4）：1-4.

[8] 陈建民. 中国语言和中国社会 [M]. 广州：广东教育出版社，1999.

[9] 陈玉珍. 汉法社会称谓语的对比研究 [D]. 济南：山东师范大学，2018.

[10] 陈原. 社会语言学 [M]. 上海：学林出版社，1983.

[11] 陈原. 变异和规范化 [J]. 语文建设，1987（4）：3-9.

[12] 陈月明. 现代汉语亲属称谓系统以及文化印记 [J]. 汉语学习，1990（5）：57-60.

[13] 陈月明. 现代汉语社交称谓系统及其文化印记 [J]. 汉语学习，1992（2）：32-36.

[14] 程悦，崔璨，陆夏. 当代汉语新型称谓语调查分析 [J]. 职大学报，2018（2）：111-116.

[15] 褚艳. 汉英亲属称谓语的性别差异研究 [J]. 温州大学学报，2006（01）：48-52. 原文来自 Brown R, Gilman A. The pronouns of power and solidarity [A]. In: Sebeok A T. Style in Language [C]. Cambridge: Massachusetts Institute of Technology Press, 1960. 253-276.

[16] 丛丽，李琳琳. 汉英亲属称谓形式中语言性别歧视现象研究 [J]. 辽宁工业大学学报（社会科学版），2008（3）：47-49.

[17] 崔希亮. 现代汉语称谓系统与对外汉语教学 [J]. 语言教学与研究，

1996（2）：34-47.

[18] 董银秀. 汉英亲属称谓变体研究［J］. 钦州学院学报，2009，24（1）：110-113.

[19] 樊钰妹. 汉语面称与背称研究［D］. 呼和浩特：内蒙古大学，2011.

[20] 费孝通. 乡土中国 生育制度［M］. 北京：北京大学出版社，2002.

[21] 冯汉冀. 中国亲属称谓指南［M］. 上海：上海教育出版社，1989.

[22] 高剑华. 新中国成立以来社会称谓语的变化与发展［J］. 大连民族学院学报，2008（4）：349-352.

[23] 葛本仪. 现代汉语词汇学［M］. 济南：山东人民出版社，2001：121-122.

[24] 胡名扬. 书面称谓和礼仪用语［M］. 北京：外语教学与研究出版社，2011.

[25] 胡士云. 汉语称谓研究［M］. 北京：商务印书馆，2007.

[26] 胡文仲. 文化与交际［M］. 北京：外语教学与研究出版社，1994.

[27] 黄涛. 语言民族与中国文化［M］. 北京：新华出版社，2002：94.

[28] 金惠康. 跨文化交际翻译续编［M］. 北京：中国对外翻译出版公司，2004：35.

[29] 靳晓红. 文学作品称谓语初探［D］. 上海：华东师范大学，2007.

[30] 鞠彩萍，周建兵. 30年来汉语称谓语研究回顾与展望［J］. 常州工学院学报（社科版），2018，36（3）：68-76.

[31] 康月惠. 汉语亲属称谓及其泛化使用：类型、成因和功能［D］. 福州：福建师范大学，2007.

[32] 黎昌抱. 汉英亲属称谓词国俗差异研究［J］. 台州师专学报，1999（4）：75-79，87.

[33] 李明洁. 现代汉语称谓系统的分类标准与功能分析［J］. 华东师范大学学报（哲学社会科学版），1997（5）：92-96.

[34] 李琼，杜敏. 当代中国汉语社会称谓语变迁的研究［J］. 西北大学学报（哲学社会版），2011，41（6）：74-77.

[35] 李树新. 现代汉语称谓词与中国传统文化［J］. 内蒙古社会科学（文史哲版），1990（3）：118-121.

[36] 李思敬. 50年来的"社会称谓"变迁杂忆［J］. 语文建设，1996（9）：32-34.

[37] 李晓静. 现代社会称谓语的分类及使用情况分析［J］. 职大学报，2007（1）：72-75.

[38] 李增垠. 称谓语选择的社会制约因素 [J]. 辽宁工程技术大学学报（社会科学版），2013：294-299.

[39] 李贞. 浅析中国传统观念在汉语称谓语上的体现 [D]. 哈尔滨：黑龙江大学，2012.

[40] 刘桂杰. 汉英文化比较及翻译探究 [M]. 北京：中国水利水电出版社，2016：143.

[41] 刘焕辉. 交际语言学 [M]. 南昌：江西教育出版社，1986.

[42] 刘琳. 现代汉语亲属称谓的泛化问题研究 [D]. 西宁：青海民族大学，2012.

[43] 刘薇. 试论汉语称谓语的文化内涵 [D]. 昆明：云南师范大学，2006.

[44] 刘校光. 对外汉语教学常用亲属称谓词汇的研究 [D]. 郑州：郑州大学，2014.

[45] 刘永厚. 汉语社会称谓语的语义 [M]. 北京：知识产权出版社，2017：126.

[46] 刘永厚. 汉语称呼语的研究路向综观 [J]. 语言文字应用，2010（3）：89-97.

[47] 龙紫薇. 近十年来汉语亲属称谓研究综述 [J]. 吉首大学学报（社会科学版），2018，39（S2）：210-213.

[48] 罗常培. 语言与文化 [M]. 北京：北京大学出版社，2009.

[49] 罗湘英. 亲属称谓的词缀化现象 [J]. 汉语学习，2000（4）：74-77.

[50] 骆小所. 现代语言学 [M]. 昆明：云南人民出版社，1999.

[51] 马宏基，常庆丰. 称谓语 [M]. 北京：新华出版社，1998.

[52] 马莹. 拟亲属称谓语的语用原则及语用功能 [J]. 淮南职业技术学院学报，2003（1）：74-77.

[53] 么孝颖. 称谓语=称呼语吗：对称谓语和称呼语的概念阐释 [J]. 外语教学，2008（4）：20-24.

[54] 摩尔根. 古代社会 [M]. 杨东莼，马雍，马巨，译. 北京：商务印书馆，1995.

[55] 潘攀. 论亲属称谓语的泛化 [J]. 语言文字应用，1998（2）：36-40.

[56] 秦学武，赵欣，等. 称谓语的泛化及其形态标记 [J]. 河北科技师范学院，2006：103-108.

[57] 裘燕萍. 汉英亲属称谓系统的对比研究 [J]. 四川外语学院学报，2003（3）：145-149.

[58] 曲彦斌. 民俗语言学 [M]. 沈阳：辽宁教育出版社，1996.

[59] 容晨朴. 从认知语言学的角度看汉英称谓语的差异［D］. 天津：天津大学，2005.

[60] 阮氏翠幸. 汉、越语亲属称谓语对比研究［D］. 武汉：华中师范大学，2016.

[61] 施春宏. 交际空间与称谓系统的共变关系［J］. 语言文字应用，2011(4)：35-43.

[62] 束定芳. 我国的语义学研究与教学［J］. 外语研究，1998(3)：12-13.

[63] 苏新春. 文化的结晶——词义［M］. 长春：吉林教育出版社，1994.

[64] 苏新春. 文化语言学教程［M］. 北京：外语教学与研究出版社，2007.

[65] 孙敏. 汉英现代亲属称谓语比较研究［D］. 兰州：兰州大学，2014.

[66] 唐厚广. 新媒体视域下语言的后现代化变异［M］. 北京：社会科学文献出版社，2018.

[67] 唐雪琼，林婕. 中英称谓语中的女性称谓歧视现象［J］. 中华女子学院山东分院学报，2009(2)：45-50.

[68] 逯永顺. 称呼语及其使用［J］. 语言教学与研究，1985(2)：89-96.

[69] 田惠刚. 中西人际称谓系统［M］. 北京：外语教学与研究出版社，1998.

[70] 王利娜. 汉语尊称、谦称研究［D］. 西安：西安外国语大学，2014.

[71] 王娜. 现代汉语亲属称谓语的泛化研究［D］. 曲阜：曲阜师范大学，2006.

[72] 王新刚. 现代汉语、英语、日语亲属称谓对比研究［D］. 广州：广州大学，2011.

[73] 王杨琴. 汉英亲属称谓语的多角度对比与研究［D］. 武汉：湖北工业大学，2010.

[74] 王倩蕾. 现代汉语亲属称谓研究综述［J］. 连云港师范高等专科学校学报，2013，30(3)：40-44.

[75] 王丹，龙潞娇，张积家. 英语亲属词的概念表征——历史文化和思维方式的双重作用［J］. 华南师范大学学报（社会科学版），2018(5)：70-79.

[76] 卫志强. 称呼的类型及其语用特点［J］. 世界汉语教学，1994(2)：10-15.

[77] 魏清. 汉泰称谓语比较研究［D］. 南京：南京师范大学，2005.

[78] 吴为善，严慧仙. 跨文化交际概论［M］. 北京：商务印书馆，2009：

31-32.

[79] 肖建华. 民俗语言初探 [M]. 北京: 中国社会出版社, 2010.

[80] 邢福义, 吴振国. 语言学概论 [M]. 武汉: 华中师范大学出版社, 2002. 232.

[81] 邢福义. 文化语言学 [M]. 武汉: 湖北教育出版社, 1989.

[82] 修文乔, 戴卫平. 英语与英语社会文化研究 [M]. 北京: 中国出版集团, 2015: 15-142.

[83] 许漫. 汉英亲属称谓语义场差异及其文化阐释 [J]. 现代语文 (语言研究版), 2017 (8): 155-158.

[84] 许余龙. 对比语言学 [M]. 上海: 上海外语教育出版社, 2002.

[85] 严淑英. 夫妻称谓语研究 [D]. 南昌: 江西师范大学, 2016.

[86] 严苡丹. 红楼梦亲属称谓语的英译研究 [M]. 上海: 上海外语教育出版社, 2012: 65-67.

[87] 杨亭. 汉语亲属称谓语泛化问题研究 [D]. 呼和浩特: 内蒙古大学, 2005.

[88] 杨应芹. 谈谈汉语称谓 [J]. 安徽大学学报, 1989 (3): 93-99.

[89] 杨永林. 社会语言学研究: 功能称谓. 性别篇 [M]. 上海: 上海外语教育出版社, 2004 (6): 81.

[90] 姚权贵. 亲属称谓的演变及其文化动因 [J]. 中华文化论坛, 2016 (3): 46-50.

[91] 姚亚平. 现代汉语称谓系统变化的两大基本趋势 [J]. 语言文字应用, 1995 (3): 94-99.

[92] 游汝杰. 中国文化语言学引论 [M]. 北京: 高等教育出版社, 1993.

[93] 张莉萍. 称谓语性别差异的社会语言学研究 [D]. 北京: 中央民族大学, 2007.

[94] 张丽华, 罗毅. 汉英亲属称谓的深层文化内涵比较 [J]. 四川师范学院学报 (哲学社会科学版), 2002 (5): 136-139.

[95] 赵英铃, 宋志平. 称谓词的词义探讨 [J]. 吉林师范学院学报, 1996 (Z1): 71-73.

[96] 赵钟淑. 汉韩亲属称谓语研究 [D]. 济南: 山东大学, 2005: 1-2.

[97] 赵钟淑. 近二十年汉语亲属词的概念结构研究综述 [J]. 山东教育学院学报, 2008 (2): 77-79.

[98] 赵钟淑. 中韩现代亲属称谓语研究 [D]. 济南: 山东大学, 2008.

[99] 郑尔宁. 近二十年来现代汉语称谓语研究综述 [J]. 语文学刊, 2005

（2）：120-122.

[100] 郑野. 汉英文化对比与互译 [M]. 北京：中国水利水电出版社，2016：1-15.

[101] 周健. 汉语称谓教学探讨 [J]. 语言教学与研究，2001（4）：31-38.

[102] 周荐. 汉语词汇结构论 [M]. 上海：上海辞书出版社，2004.

[103] 赵元任. 汉语称呼语用词 [J]. 语言研究，1956（1）.

[104] 祝畹瑾. 社会语言学译文集 [M]. 北京：北京大学出版社，1986.

[105] Arnord Rose. *The Study of Human Relations* [M]. New York, 1969.

[106] Broom & Selznick. *Principle of Sociology* [M]. New York, 1986.

[107] Brown R. Ford. *Address in American English* [M]. Journal of Abnormal and Social Psychology, 1961.

[108] Buchler & H. A. Selby. *Kinship and Social Organization：An Introduction to Theory and Method* [M]. New York: Macmillan, 1968.

[109] Cho Yuenren. Chinese Terms of Address [J]. *Language*, 1956（32）.

[10] Eugene A. Nida & Charles R. Taber. *The Theory and Practice of Translation* [M]. Leiden: E. J. Brill, 1969.

[111] G. P. Murdock. *The Nuclear Family* [M]. Boston: D. W. Mccurdy and J. P. Spradleyed Little, Brown and Company, 1965.

[112] Jack C. Richards. Language Transfer and Conversational Competence (with Mayuri Sukwiwat) [D]. 北京：外语教学与研究出版社，2010.

[113] Kroeber. A. L. Classificatory Systems of Relationship [J]. *Journal of the Royal Anthropological institute of the Great Britain and Ireland*, 1909（39）：77-84.

[114] Leslie Dunkling. *A Dictionary of Epithets and Terms of Address* [M]. Beijing: World Publishing Corporation, 1990.

[115] M. F. Levy. *The Structure of Society* [M]. Princeton, 1974.

[116] Nessa Wolfson. *Perspectives：Socio linguistics and TEFSOL* [M]. Cambridge: Newbury House Publisher, 1989.

[117] Roger T. Bell. *Sociolinguistics：Goals, Approaches and Problems* [M]. New York: ST. Martiris Press, 1976.

[118] Stella Ting Toomey & Felipe Korzinny. Language, Communication and Culture [C]. London: the Speech Communication Association, 1989.

[119] Theodore Savory. *The Art of Translation* [M]. London: Cape, 1957.

[120] Tylor, Edward Burnett. 原始文化 [M]. 北京：华夏出版社，1990：

52.

[121] W. L. Warner. *Social Class in America* [M]. New York, 1960.

[122] Zdenek Salzmann. *Language, Culture and Society: An Introduction to Linguistic Anthropology (Second Edition)* [M]. New York: Westview Press, 1998.

[123] 杨应芹, 诸伟奇. 古今称谓辞典 [M]. 合肥: 黄山书社, 1989.

[124] 现代汉语词典（第7版）[M]. 北京: 商务印书馆, 2016: 2156.

[125] 鲍海涛, 王安节. 亲属称呼辞典 [M]. 长春: 吉林教育出版社, 1988.

本文参考的网站：

[126] https://baike.so.com/doc/6025787-6238786.html.

[127] http://blog.sina.com.cn/s/blog_621f22890100gdz4.html.

[128] http://ling.cuc.edu.cn/newword/showWordResult.aspx?page=4.

后　　记

在学术的漫漫长路上，这本专著的诞生，是我人生中一座重要的里程碑。

这本书最初源自我的博士学位论文，那段在职读博的岁月，是挑战与坚持交织的难忘旅程。在职攻读博士学位，意味着要在工作与学业之间艰难平衡，个中艰辛，如人饮水，冷暖自知。

在此，我要衷心感谢我的导师。在论文写作和专著撰写过程中，您的指导细致入微，是我学术征程中的引路人。每一次与您交流，都让我拨云见日，您的严格督促我进步，您的专业建议让我在学术迷雾中找到方向。

感谢广东女子职业技术学院给予的鼎力支持。在我为学业奔波忙碌时，为我协调工作安排，让我有时间和精力投入学术研究。这份信任与支持，是我坚持下去的强大动力。

感谢我的家人，你们默默承担起生活的琐碎，用爱和理解给予我最温暖的陪伴和鼓励，让我能够毫无后顾之忧地投身学术。

感谢所有在学术交流中与我思想碰撞的同行们，以及为本专著出版付出心血的编辑和工作人员，是你们的付出，让这本专著得以呈现在读者面前。

本专著得到了广东省普通高校特色创新类项目（项目编号：2023WTSCX200）的资助，这为研究提供了坚实的保障。

学术之路永无止境，这本专著只是我前行路上的一个小结。未来，我将带着大家的期许，继续在学术领域深耕，努力探索，不负所望。